Aufgewachsen in NEUSS in den *60er* und *70er* Jahren

IMPRESSUM

Bildnachweis:
Archiv der Neuß-Grevenbroicher Zeitung: S. 3 o., 16 o. l., 20 u., 22, 30, 32 o./u., 33, 40 o./u., 42 o., 59; Marlene Glasmacher: S. 3 u., 4, 17, 18, 25 o., 27 u., 41 o./u., 44 o.; Marianne Fischell: S. 6 o.; Annemarie Paul: S. 6 u. l./r., 7 o., 8 o., 27 o., 35; Heinz Bittner: S. 7 u., 11; Margret Broeckmann: S. 8 u., 25 u. r.; Elke Kauffmann: S. 9 o., 10 o. r.; Hartmut Grosser: S. 9 u., 36 o.; Dirk Düker: S. 10 o. l.; Sigrid Dederichs: S. 10 u.; Norbert Meyer: S. 12 o., 13; Marcus Seelig: S. 12 u.; Hildegund Eickelmann: S. 14; Erich Schindler: S. 15; Irene Heinrichs: S. 16 o. r.; Reinhold Welter: S. 16 u.; Heike Zaun: S. 19 o., 21 u. l.; Norbert Häming: S. 19 u., 29, 43 u. r., 45, 52; Hans Willi Nohles: S. 21 o.; Peter Schlabs: S. 21 u. r.; Johannes Ries: S. 23 o., 26; Marlies Niemöhlmann: S. 23 u., 60; Michael Uchtenhagen: S. 24 u.; Hans-Jakob Schlangen: S. 24 o.; Annerose Arendt: S. 25 u. l., 28; Susanne Pick: S. 31 o.; Reinhard Teubner: S. 31 u., 48, 56, 57, Umschlagrückseite; Ewald Hagel: S. 34; Kirsten Verhas: S. 36 u., 46; Volker Koch: S. 37, 39; Ingrid Meinert: S. 42 u.; Anne Breuer: S. 43 o.; Dietger Schulenberg: S. 43 u. l.; Viktor Steinfeld: S. 44 u., 47; Heiner Berkefeld: S. 50 o./u.; Antonio Casanova: S. 51; Brigitte Beykirch: S. 55 o./u.; Walter Busch: S. 61; Angelika Spicker: S. 62.
Die Abbildung auf S. 20 o. wurde folgender Publikation entnommen: „Neuss am Rhein", herausgegeben von der Stadt Neuss im November 1963.
Viele Fotos entstammen einem Leser-Aufruf in der Neuß-Grevenbroicher Zeitung.

Titelgestaltung:
Mädchenmotiv: Archiv Claudia Brandau; Jungenmotiv: Presse-Bild Poss, Dipl.-Ing. Oscar Poss.
Stadtmotiv: Stadtarchiv Neuss. Als der Markt noch nicht autofrei war: Blick durch die Krämerstraße aufs Münster, um 1970.

Wir danken allen Lizenzträgern für die freundliche Abdruckgenehmigung. In Fällen, in denen es nicht gelang, Rechtsinhaber an Abbildungen zu ermitteln, bleiben Honoraransprüche gewahrt.

1. Auflage 2009

Gestaltung: Ravenstein + Partner, Verden
Satz: Sislak Design Werbeagentur, Bad Soden-Salmünster
Druck: Thiele & Schwarz, Kassel
Buchbinderische Verarbeitung: Buchbinderei Büge, Celle

34281 Gudensberg-Gleichen · Im Wiesental 1
Telefon: 05603/93050 · www.wartberg-verlag.de

ISBN: 978-3-8313-1946-6

Der Neusser Markt Ende der 70er Jahre: Traditionsgeschäfte wie Hettlage und Moses am Markt prägten das Bild. Wo heute der Rathaus-Neubau steht, wurden vor gut 30 Jahren noch Möbel zum Verkauf angeboten.

Vorwort

Wir können noch ein Telefon mit Wählscheibe bedienen und die Erkennungsmelodie von „Bonanza“ auf Anhieb mitpfeifen. Bis heute tragen wir Narben von der Pockenschutzimpfung am Oberarm und erinnern uns daran, wie Deutschland im Endspiel der Fußball-WM 1974 auf Holland traf.

Wer in den 60er und 70er Jahren in Neuss groß wurde, ist mit Bus und Straßenbahn unterwegs gewesen, hat das Wachsen neuer Stadtteile und die Neugestaltung ganzer Innenstadtquartiere miterlebt – und kommt heute nicht vom Bahnhof bis zum Obertor, ohne an jeder Ecke alte Schulfreunde oder Vereinskameraden zu treffen. Denn dem Neusser wird eine besondere Ortsverbundenheit nachgesagt.

Viele von uns zog es zwischenzeitlich hinaus in die Welt: zum Studium, von Berufs wegen oder der großen Liebe hinterher. Erstaunlich groß ist die Zahl derer, die nach Jahren im „Exil“ wieder zurück in die Quirinusstadt gefunden haben. Für alle anderen aber gilt, dass sie mindestens einmal im Jahr für einige Tage zurückkommen: zum Neusser Bürger Schützenfest.

Wir hatten zumeist eine schöne Kindheit und Jugend in einer gemütlicher Stadt, die auf rund 2000 Jahre Geschichte zurückblickt und sich – obwohl seit mehr als 45 Jahren Großstadt – bis heute eine familiäre Überschaubarkeit erhalten hat.

Viel Spaß beim Lesen und Erinnern!

Susanne Niemöhlmann

Susanne Niemöhlmann

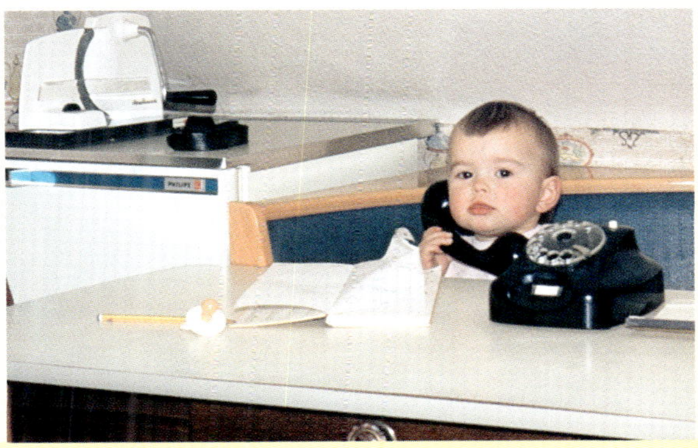

Die Autorin 1968 bei der „knallharten Recherche“.

Woher die kleinen Neusser kommen

Es ist eine alte Mär, dass der Klapperstorch die Babys bringt – zumindest in Neuss steigen die Kinder aus dem Quirinuspütz. Der Brunnenschacht unweit des Hauptportals des Münsters, das dem Stadtpatron Sankt Quirin gewidmet ist, gilt seit alters her als Wiege der Neusser Nachkommenschaft. Das änderte sich zugegebenermaßen im Laufe der Zeit.

Mehr und mehr wurde die traditionelle Hausgeburt durch die Entbindung im Städtischen Lukaskrankenhaus an der Preußenstraße oder im kleineren Holzheimer Krankenhaus abgelöst. Seit 1968 erblickten zudem immer mehr Neusser „Pänz" auch das Licht der Welt im Johanna-Etienne-Krankenhaus, das als Ersatz für das alte Krankenhaus an der Promenadenstraße von der Ordensgemeinschaft der Neusser Augustinerinnen auf der Furth gebaut worden war und nach der Gründerin der Genossenschaft benannt wurde.

Gelegentlich kam es auch vor, dass werdende Mütter, die möglichen Folgen für ihren Nachwuchs nicht bedenkend, die Stadtgrenzen überquerten, um in einem Düsseldorfer Hospital niederzukommen. Im Melderegister der Stadt Neuss aktenkundig und später per Eintrag im Personalausweis jederzeit nachprüfbar, muss also mancher Neusser die Landeshauptstadt als Geburtsort angeben. Was den Spross eines zugezogenen Elternpaares vielleicht sogar mit Stolz erfüllt, wirft der ein oder andere „echte" Neusser seiner Mutter im Stillen ein Leben lang vor. Da ist es nur ein geringfügiger Trost, wenn es sich wenigstens um ein Krankenhaus in einem linksrheinischen Stadtteil handelte.

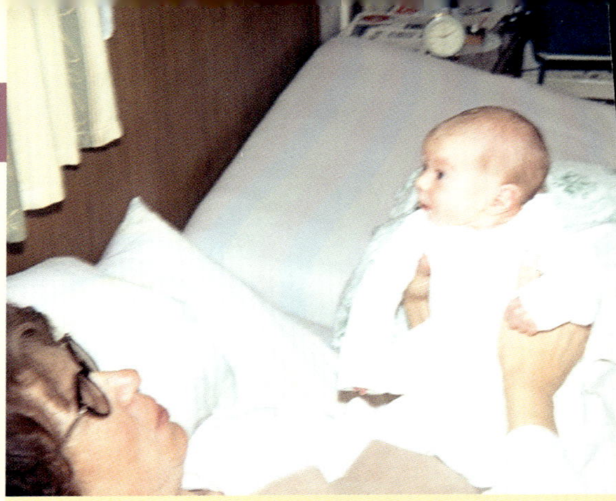

Hausgeburten waren in den 60er Jahren nichts Ungewöhnliches.

Unsere Väter waren nur in seltenen Fällen bei der Geburt anwesend. Medizinisches Personal, aber auch Ehefrauen und (Schwieger-)Mütter waren teilweise immer noch der Ansicht, dass das Kinderkriegen reine Frauensache sei und Männer dabei nur im Weg stehen könnten. Die Väter mussten sich damit begnügen, den ersten Blick auf den Stammhalter durch die Glasscheibe der Neugeborenenstation zu werfen. Doch während der 70er Jahre öffneten sich die Kreißsaaltüren einen Spalt, allmählich wurde es selbstverständlich, dass werdende Väter ihre Partnerinnen in den vorbereitenden Read-Kursus im Edith-Stein-Haus begleiteten und später im Kreißsaal unterstützten.

Milumil und Möhrenbrei

Die glückliche Geburt wurde Freunden und Bekannten per Anzeige in der Neuß-Grevenbroicher Zeitung bekannt gegeben. In den kommenden Wochen und Monaten hatten unsere Mütter alle Hände voll zu tun: Stillen wurde langsam unmodern, zumal es als figurschädigend in Verruf geriet. Den Herstellern von Babynahrung gelang es zudem, den Frauen zu vermitteln, dass industriell hergestelltes Milchpulver die ausgewogenste Ernährung für ihr Baby sei. Und so kam Milumil oder Ähnliches ins Glasfläschchen mit Kautschuk-Sauger, wurde streng nach der Uhr statt nach Bedarf gefüttert. Auch für die erste feste Nahrung hatte die Industrie längst ein überzeugendes Angebot: Gläschen mit Brei. Hatten unsere Mütter bislang vom normalen Familien-Mittagstisch Kartoffeln und weich gekochtes Gemüse abgezweigt, um es zusammen mit einem Eigelb oder ein wenig Butter mit der Gabel zu zerdrücken, bis zahnlose Kauleisten damit fertig wurden, wärmten sie nunmehr das Gläschen mit der kindgerechten Portion Möhrenbrei im Wasserbad an.

Der „Erfolg“ wurde bei der „Mütterberatung“ kontrolliert und im Wiegepass festgehalten. In dieser Sprechstunde, die quasi Vorläufer der heutigen kinderärztlichen Vorsorgeuntersuchungen war, verabreichten uns die Hebammen außerdem beispielsweise als Rachitis-Vorbeugung Vigersan. Natürlich standen auch bald die ersten Impfungen an. Vor allem die Pockenschutzimpfung zeichnete uns fürs Leben: mit runden Narben an den Oberarmen, die uns als vor 1975 Geborene kennzeichnen.

Ein Bad in der „Zinkbütt“

Väter, die in der Öffentlichkeit den Kinderwagen durch den Stadtgarten schoben, setzten sich noch Anfang der 60er Jahre dem Gespött ihrer Geschlechtsgenossen aus. Und auch sonst hielt sich der männliche Einsatz bei der Babypflege in Grenzen. Besonders fortschrittliche Väter gaben

Chronik

1. April 1960
Dr. Günter Kuhnt tritt als Oberstadtdirektor die Nachfolge von Dr. Nagel an.

1961
Die Neusser Stadthalle wird gebaut.

19. März 1961
Bei der Kommunalwahl erhält die CDU die absolute Mehrheit mit 24 von 42 Ratssitzen. Kaufmann Peter Wilhelm Kallen wird Nachfolger von Oberbürgermeister Frings.

23. April 1961
Die Neusser Bürgergesellschaft feiert ihr hundertjähriges Bestehen.

1962
Das Reuschenberger Freibad im Südpark und die Sporthalle im Stadion werden gebaut. Auf historischem Gelände, innerhalb der Grenzen der einstigen Legionsfestung Novaesium, wird die Pädagogische Hochschule Neuss errichtet.

20. Januar 1963
Christiane Britta Wenke macht Neuss zur Großstadt. Die 100 000. Einwohnerin erblickt an einem Sonntag im Städtischen Krankenhaus an der Preußenstraße das Licht der Welt.

1. Mai 1963
Das Schul- und Jugendmusikwerk nimmt unter Leitung von Helmut Trott seinen Betrieb auf.

11. Juni 1963
Im Friedrich-Spee-Kolleg an der Paracelsusstraße startet der Lehrbetrieb mit 23 Studierenden.

19. März bis 1. April 1964
Großbrand im Werk Balatum am Floßhafen.

Der tägliche Spaziergang – ein Muss, auch wenn der Stadtgarten weiß verschneit war.

Tochter oder Sohn mal die Flasche oder profilierten sich mit Handreichungen beim Bad, für das oftmals nicht mal eine Plastikwanne zur Verfügung stand. Stattdessen wurden Emailleschüsseln, die „Zinkbütt“ oder der „Spülstein“ in der Küche als Badezuber genutzt.
Beim anrüchigen Wechsel der Windeln war dann allerdings meist Schluss mit dem väterlichen Engagement. Wickeln war während der 60er Jahre auch nicht gerade einfach: In das zu einem Dreieck gelegte Sanitastuch aus Baumwolle kam eine Moltoneinlage, die später entsorgt werden konnte. Damit nichts „durchging“, zog die Mutter darüber eine Gummihose. Ging doch etwas in die Hose, musste der Stoff zunächst stundenlang in Lauge eingeweicht werden, bevor die Kochwäsche im „Pännchen“, einem gemauerten Riesenbottich über integrierter Feuerstelle, tatsächlich gekocht, dann gewrungen und anschließend auf der Wiese gebleicht wurde. Da war es kein Wunder, dass die jungen Mütter in den 70er Jahren dankbar die ersten Wegwerfwindeln annahmen – noch unisex und ohne speziellen Auslaufschutz.
Die Babymode war damals bescheiden: Beinahe bis zu einem Jahr war der Strampler mit Fuß unsere übliche Bekleidung. Die Träger wurden oben geknöpft und schlossen sich über so genannten am Rücken offenen Flügelhemdchen, deren Enden übereinandergeschlagen wurden. Ausgeprägtem Bewegungsdrang hielt diese Montur natürlich nicht lange stand: Alles verrutschte.

„Kinderkäfig“ und Fototermin

Zuhause waren wir im Laufstall in Sicherheit vor heißen Herdplatten, hohen Treppen und anderen Gefahren. Beliebt war der „Kinderkäfig“ darum noch lange nicht bei uns, denn trotz Bauklötzen, Puppe und Bilderbuch wurde es uns auf den wenigen Quadratmetern bald zu langweilig.

Nach einem warmen Bad am Abend schläft's sich besser.

Mitunter ungeliebt, aber immerhin sicher: Und zur Not ließ es sich auch zu dritt im Laufstall prima „chillen“.

Platz für eine Schaukel war in den meisten Gärten.

Wie süß wir waren, sollte natürlich für die Nachwelt fotografisch festgehalten werden. Aber eher sparsam. Immerhin waren Filme und deren Entwicklung, Papierabzüge oder Diarähmchen teuer. Da wurde nicht etwa wild drauflosgeschossen und sechs Wochen später war schon das erste Babyalbum voll. Stattdessen wurden Fotos inszeniert. Neben der Taufe, den ersten Schritten oder einigen Motiven aus dem Alltag gab es das Neusser

Hänschen klein, ging allein ... zur Milchbar am Handweiser?

Erinnerungsfoto schlechthin: der Nachwuchs rittlings auf dem „Eierdieb", jener Bronzeskulptur des Bildhauers Oswald Cursin, die 1934 für sage und schreibe 955,70 Mark am Stadtgartenweiher aufgestellt wurde und seither in keinem Familienalbum fehlt.

Wenn es um das Bild für den Wohnzimmerschrank ging, vertrauten unsere Eltern gelegentlich aber lieber dem Profi, suchten eines der alteingesessenen Fotostudios wie Kleu oder Wickrath auf oder nutzten die Ankündigung eines reisenden Pixi-Fotografen, der seine Ausrüstung in den großen Kaufhäusern wie Horten oder Kaufhof aufbaute und uns vor einfarbigem Hintergrund – am liebsten mit Spieltelefon am Ohr – ins rechte Licht rückte.

Ein neues Zuhause

Zu Beginn der 60er Jahre war Wohnraum immer noch knapp. Die Bombardements während des Zweiten Weltkrieges hatten rund ein Drittel aller Wohnungen zerstört, weitere beschädigt. Die Neusser Bevölkerung war zudem angewachsen – um mehr als 20 000 Ostvertriebene und Flüchtlinge allein bis 1961. Um den Raummangel zu beheben, hoben unsere Eltern oftmals im Garten der Großeltern Baugruben aus, oder es wurden an kleine Siedlungshäuschen weitere Zimmer angebaut. Wir taten voller Eifer mit und waren stolz, wenn die Großen die tüchtige Mithilfe lobten. So eine Baustelle bot ja auch paradiesische Spielmöglichkeiten.

Das teilweise aufrichtig bedauerte Einzelkind war zu jener Zeit noch die Ausnahme, Familien auch

Wohnraum war knapp – neuen schafften unsere Eltern oftmals per „Muskelhypothek“.

mit vier oder fünf Kindern keineswegs exotisch. Mit Brüdern und Schwestern aufzuwachsen hatte trotz materieller Einschränkungen angenehme Nebenwirkungen: Unsere Eltern waren nicht so sehr auf den Einzelnen fixiert, so dass auf uns weniger Erwartungsdruck lastete.

Wir Kinder der 60er und 70er Jahre besaßen in gewisser Weise mehr Freiheiten, schon weil ausreichend Raum für fantasievolles Spielen vorhanden war. Andererseits wurden wir strenger erzogen. Und das nicht nur von den Eltern, sondern von Tanten und Onkeln, Nachbarn – und großen Geschwistern. Vor allem durften wir Kinder sein. Niemand wollte uns vorzeitig in kleine Erwachsene verwandeln. Wir trugen damals unglaublich kurze Faltenröcke und Hosen mit Gummiträgern, die zuvor älteren Geschwistern oder Verwandten gehört hatten.

Lebertran, der Schrecken vieler Kindergenerationen, wurde allmählich abgelöst vom täglichen Gläschen Rotbäckchen-Saft. Noch besser schmeckte uns aber Brause, von der Tüte an den feuchten Finger direkt in den Mund – wobei wir genießerisch-angewidert das Gesicht verzogen, wenn's sauer auf der Zunge prickelte.

Wir Kindergartenkinder sind da!

Eine flächendeckende Versorgung mit Kindergärten gab es nicht. Schon gar nicht einen gesetzlichen Anspruch auf einen Kindergartenplatz ab vollendetem dritten Lebensjahr. Bis in die 60er Jahre war die Kleinkindbetreuung zu Hause üblich, doch mehr und mehr setzte sich der Kindergarten durch. Neben der zunehmenden Erwerbsarbeit unserer Mütter war ein Grund, dass die Bedeutung von gleichaltrigen Spielkameraden für das Sozialverhalten und die Vorschulförderung erkannt worden war.

Überall in Neuss wurden in den 60er und 70er Jahren neue Einrichtungen gebaut, so die evangelischen Kindergärten an der Furtherhofstraße (1965) und an der Weberstraße (1969), oder die der katholischen Kirchengemeinden St. Thomas-Morus (1971) und Heilig Geist (1972). Manche Kirchengemeinde, wie die Weißenberger Josefspfarre, leistete sich einen zweiten Kindergarten (1974) oder baute an. Aus den „Kinderverwahrschulen“

Überall entstanden neue Kindergärten, wie in Heilig Geist, wo Stadtdirektor Franz-Josef Schmitt den ersten Spatenstich tat.

Aus den ehemaligen „Kinderverwahrschulen“ wurden Betreuungseinrichtungen mit pädagogischem Konzept.

Heißmangel Juchem: Hatte die freundliche Frau im Kittel und mit hochrotem Kopf Mutters Tischdecken und Bettwäsche fertig gemangelt, belohnte sie das geduldige Warten mit Novesia-Goldnusspärchen, die wir wegen der eigentümlichen Form der Praline kurzerhand „Busen“ tauften. Erste Supermärkte, die unsere Mütter „Konsum“ nannten, eröffneten in den Neubaugebieten. In den Vororten und ländlichen Gebieten aber stell-

Auch im Stadtgarten konnten wir Spaß haben. Die Skulpturen dort waren – wie die Kraniche von Günther Happekotte – als Fotomotiv beliebt.

früherer Jahrzehnte wurden Kindergärten mit pädagogischem Konzept. „Tante Ursula“ oder auch „Schwester Maria Rosa“ sangen und spielten, bastelten und malten mit uns, ließen uns als Schreibvorübung Spiralen und Spazierstöcke zu Papier bringen. Ein „Muss“ war das Ledertäschchen zum Umhängen, in dem wir das Frühstücksbrot transportierten.

Langeweile kennen wir nicht

Auf der Straße vor dem Haus war immer etwas los: Altmetallhändler und Lumpensammler lockten uns mit Glockengeläut und durchdringenden Rufen ans Gartentörchen. Begeistert waren wir, wenn Mutter etwas ausrangierte, das wir dem älteren Herrn anreichen konnten.

„Alle Mann anpacken!“, hieß es, wenn der Kohlenhändler im Herbst die Braunkohlen-Briketts vor dem Haus auf den Gehweg kippte und die Klütten im Keller aufgeschichtet werden mussten. Abwechslung versprach auch der Besuch der

Für uns war es vielfach selbstverständlich, gemeinsam mit Tieren aufzuwachsen.

Mit dem Dreirad waren schon die Kleinsten mobil.

te der Milchmann morgens noch die Flaschen auf die Treppe, die Brötchen hingen im Leinenbeutel an der Haustür. Alles, was die Familie sonst noch brauchte, gab's beim Kaufmann. Allein dort einkaufen zu dürfen, bewies, dass wir jetzt groß waren. Solange wir weder lesen noch schreiben konnten, mussten wir im Kopf behalten, was wir mitbringen sollten.

Am „Büdchen", wie der Kiosk in Neuss genannt wird, etwa an der Neusser Weyhe, dem Büdchen gleich neben dem Schwann-Denkmal oder dem „Türmchen" an der Zollstraße, wurden uns damals anstandslos Bierflaschen und Zigaretten heruntergereicht, die wir für die Gäste der Eltern besorgen sollten. Am schönsten aber war es, wenn wir zum Bauern geschickt wurden, der die Kartoffeln mit einer altertümlich aussehenden Waage abmaß und die beinahe kuhwarme Milch in die mitgebrachte „Töte" (Milchkanne) füllte. Die wurde zu Hause erst einmal abgekocht und fürs Nesthäkchen der Rahm ausgesiebt.

Wir werden mobil

Sechsjährige, die nicht auf einem Bein stehen können? Die nicht in der Lage sind, auf einen Baum zu klettern? Rückwärts zu laufen? So etwas

Der Roller verlangte dem Gleichgewichtssinn einiges ab.

gab es nicht. Wir waren ständig unterwegs, immer in Bewegung: zu Fuß und auf Rollschuhen, mit Dreirädern, Rollern und Fahrrädern, per Kett-Car oder im Bollerwagen. Dabei mussten wir uns auf dem kleinen Dreirädchen tüchtig abstrampeln, um den großen Geschwistern oder Nachbarskindern, die uns ansonsten davonfuhren, folgen zu können. Etwas einfacher war es für uns, als wir mit dem Roller fahren konnten. Zu den „Großen" gehörte aber erst, wer auf dem Fahrrad – selbstredend ohne Stützräder – unterwegs war.

Nicht nur bei Jungen beliebt: das Kett-Car.

Chronik

1965/66
Freibad und Hallenbad am Nordpark entstehen.

18. Mai bis 18. Juni 1966
„Moby Dick", ein kanadischer Belugawal, schwimmt rheinaufwärts bis Bonn und behindert wochenlang die Rhein-Schifffahrt. Er wird auch in Neuss gesichtet.

1. Juli 1966
Das Städtische Krankenhaus wird in „Krankenanstalten Neuss – Lukaskrankenhaus" umbenannt.

Anfang Mai 1967
Der Doppelmord an zwei Kindern im Jostensbusch erschüttert die Bevölkerung. Der Täter begeht Selbstmord.

30. Mai 1967
Herbert Karrenberg wird Oberbürgermeister.

1968
Seit Kriegsende sind in Neuss 23 500 Neubauwohnungen entstanden. Alle Notunterkünfte sind verschwunden.
Neben dem Stadion, das als einzige Sportanlage den Krieg überstanden hatte, wurden in diesem Zeitraum 16 neue Bezirkssportanlagen gebaut.

1969
Aufgrund des zunehmenden Kraftfahrzeugverkehrs droht der historischen Nord-Süd-Achse der Kollaps. Parallel zur Further-Straße entstehen neue Routen, wie die Römerstraße mit der lange nicht fertiggestellten Brücke, die der Volksmund „die Unvollendete" nennt. Am 4. Juli 1969 übergibt OB Karrenberg die Stephanstraße dem Verkehr.

„Schräg nach oben – gerade herunter“: Auf eine regelmäßige Handschrift legten unsere Lehrerinnen, die 1964 noch teilweise auf der Anrede „Fräulein“ bestanden, großen Wert.

Hurra, ich bin ein Schulkind!

Das erste große Abenteuer stand an: die Einschulung. Mehr als 40 Augenpaare sahen dem Lehrer oder der Lehrerin in der Münster-, St.-Konrad- oder Elisabeth-Schule, in der Friedrich-von-Bodelschwingh- oder der Clarenbach-Schule erwartungsvoll entgegen. Wir wollten in die Geheimnisse der Buchstaben und der Mathematik eingeweiht werden, hatten aber auch schon vom „Ernst des Lebens“, lästigen Hausaufgaben und Furcht einflößenden Klassenarbeiten gehört. Auf der Schiefertafel machten wir unsere ersten Schreibübungen, dann wurden die Bleistifte gespitzt und in der schwungvollen lateinischen Ausgangsschrift auf die blütenweißen Seiten des linierten Heftes fein säuberlich kleine und große „i“ oder „u“ geschrieben. Die Druckschrift erschloss sich uns – da nun geübter – relativ schnell.
Im zweiten Schuljahr war der Füllfederhalter dran, der regelrechte Glaubenskämpfe innerhalb der Klasse auslöste. Die Frage war, ob denn nun „Pelikan“ oder „Geha“ die bessere Wahl sei. Ähnlich verhielt es sich mit den „Tonis“. Die während der 60er Jahre üblichen Schultaschen aus braunem, später auch blauem oder rotem (Kunst-) Leder erhielten im Laufe der 70er Jahre Konkurrenz vom Scout-Tornister. Vor allem jüngere Eltern griffen zu dem mehrfarbigen rechteckigen Kasten aus Kunststoff.

Ausgerüstet mit „Toni“ und Schultüte freuten wir i-Dötzchen uns auf die Schule.

„Miekätzchen"

Das Lehrerkollegium bestand an der katholischen oder evangelischen Bekenntnisschule – die konfessionelle Grundschule hatte in Neuss stets eine starke Lobby – zum größten Teil aus Damen. Rektor war aber zumeist ein Mann, seine Autorität bei Schülern und Hausmeister unbestritten. Als die geburtenstarken Jahrgänge (1955 – 1965) eingeschult wurden, war Lehrpersonal knapp. Das führte dazu, dass ähnlich wie nach dem Zweiten Weltkrieg Quereinsteiger im Schnellverfahren „qualifiziert" wurden, so genannte „Miekätzchen", nach NRW-Kultusminister Miekat. Körperliche Züchtigungen wie das Ziehen an den Ohren gab es vereinzelt noch, doch immer stärker setzten sich Eltern gegen solcherlei „Erziehungsmethoden" zur Wehr.

Mengenlehre – auch das noch

Ein leiser Aufschrei ging durch die Elternschaft, als im Fach Mathematik (wohlgemerkt: nicht Rechnen!) das Thema „Mengenlehre" auf dem Lehrplan stand. Die Eltern hatten oft kein Verständnis für solchen „Mumpitz". Addieren, Subtrahieren, das kleine und das große Einmaleins sollten wir lernen. Stattdessen mussten teure Kästchen mit bunten Plastikplättchen angeschafft werden, um Teil- und Schnittmengen zu legen. Oder es galt, aus ausgedienten Schuhkartons „Operatoren" zu basteln und eine Addition mit „Operatorenpfeilen" zu rotieren.
Die Grundschüler an etwas so Abstraktes wie Mengenlehre heranführen wollte der Mathematik-Didaktiker Dr. Heinrich Winter, der als Dozent an der PH Neuss lehrte. Ende der 60er Jahre führte er an der Grundschule Weißenberg-Ost (heute Karl-Kreiner-Schule), wo seine Frau Lieselotte Winter als Lehrerin tätig war, Feldstudien durch.

Die Klassen waren groß: 56 Kinder drängten sich in diesem Schulzimmer der Martin-Luther-Schule.

Jahre später ist die Sitzordnung etwas aufgelockert, der traditionelle Frontalunterricht wird von offeneren Formen, hier in der Grundschule Weißenberg-Ost, abgelöst.

Regelmäßig besuchte er mit einer Gruppe Studenten eine Klasse, in der die angehenden Lehrer Mathematik unterrichteten. Die Erkenntnisse aus der gemeinsamen Arbeit flossen in ein neu entwickeltes, sehr anspruchsvolles Lehrbuch für den Mathematikunterricht in der Grundschule ein. Später brachte Heinrich Winter zusammen mit seinem Kollegen Dr. Günter Ziegler das Buch „Die Welt der Zahl" heraus, das in vielfachen Auflagen lange Zeit im Mathematikunterricht eingesetzt wurde. Zusätzlich wurde Begleitmaterial entwickelt, um die ungewohnte Mengenlehre anschaulich zu machen. Da machte es auch nichts, wenn zusätzlicher Förderunterricht in kleinen Gruppen auf dem Stundenplan stand.
Unsere Neugier auf die Mengenlehre war geweckt, der Mathematikunterricht machte so Spaß und förderte das abstrakte Denken und Vorstellungsvermögen.

Schulen in Neuss

1968 verteilten sich die Neusser i-Dötzchen auf 23 Grundschulen (1977 waren es schon 31). Außerdem unterhielt die Stadt Neuss Ende der 60er Jahre drei Sonderschulen, neun Hauptschulen sowie vier Realschulen. Wer die „Allgemeine Hochschulreife" anstrebte, hatte die Wahl zwischen drei städtischen Gymnasien, dem Mädchengymnasium Marienberg in Trägerschaft der Kongregation der Schwestern vom armen Kinde Jesus und dem staatlichen Quirinus-Gymnasium für Jungen.
Den praktischer orientierten Jugendlichen standen damals sieben Berufs- und Berufsaufbauschulen, vier Berufsfach- und Fachschulen offen.

Schlidderbahnen

Waren die fünfminütigen „Rundlaufpausen“ gerade lang genug, um mit einer Runde um den ganzen Schulhof etwas frische Luft zu schnappen, hatten wir in der „großen Pause“ schon mehr Zeit, nach Verzehr von Wurstbrot, Apfel und Schulmilch noch zu spielen: Gummitwist, Seilchenspringen und Hüpfekästchen waren bei den Mädchen angesagt, während die Jungen bolzten, Sammelkarten – „Bildchen“ genannt – schoben oder schnippten und die Mädchen ärgerten. So gehörte „Jungen fangen die Mädchen“ vor allem bei den „großen“ Viertklässlern zum Standardrepertoire.
Die Mädchen tauschten fleißig Poesiealben und trugen sich gegenseitig Sprüchlein wie „Rosen, Tulpen, Nelken, alle Blumen welken, nur die eine nicht, die heißt Vergissmeinnicht“ ein, die sie mit glitzernden „Kassa“-Bildern und eigenen Zeichnungen verzierten. Im Winter holten wir in der leeren Butterbrottüte oder der Milchflasche Wasser vom Waschbecken in den Schülertoiletten und legten die wunderschönsten Schlidderbahnen auf dem Schulhof an, die der Hausmeister unter lautem Geschimpfe natürlich anschließend sofort mit Sand bestreute. Das Jahr 1966 brachte gleich zwei umwälzende Neuerungen für die Neusser Schulkinder: Nordrhein-Westfalen übernahm die Gliederung der Volksschule in Grund- und Hauptschule (Neufassung des Schulpflichtgesetzes vom 14. Juni 1966). Und die i-Dötzchen wurden mit Verlegung des Schuljahrbeginns vom 1. April auf den 1. August nicht mehr im Anschluss an die Osterferien, sondern nach den Sommerferien eingeschult. Die Folge davon waren zwei Kurzschuljahre, und Jahre später kaum 18-jährige Abiturienten.

Längst sind die Bäumchen, die Schüler der St.-Peter-Grundschule hier bei der Rosellener Kleingartenanlage pflanzen, zu einem dichten Wald herangewachsen.

Verkehrserziehung und Schlüsselkinder

Im Verlauf des vierten Schuljahres wurde für die Fahrradprüfung trainiert. Zunächst auf Parcours auf dem Schulhof, für die der Revierpolizist kleine Verkehrszeichen mitgebracht hatte, später dann im Straßenverkehr. Der war zwar vom Fahrzeugaufkommen her noch sehr übersichtlich, dennoch ließ die erschreckend hohe Zahl an Verkehrstoten und Verletzten bei Politikern und Verantwortlichen die Alarmglocken schrillen. Verkehrserziehung wurde plötzlich wichtig und zeigte erste Resultate.
Wenn erwerbstätige Mütter auch in der Minderzahl waren, Geldverdienen immer noch als Aufgabe des Mannes galt, so wollten immer mehr junge Frauen in ihrem erlernten Beruf arbeiten und sich so ein Stück Selbstständigkeit bewahren. Die wenigen Hortplätze waren begehrt, Kinder, die nach Schulschluss dorthin „mussten“, wurden von uns andern jedoch eher bedauert. Ebenso wie die ersten „Schlüsselkinder“, die den Haustürschlüssel an einem Band um den Hals trugen und sich zu Hause das von Mutter vorgekochte Essen aufwärmten.

Wenig einfalls- und abwechslungsreich waren die städtischen Spielplätze wie hier im neuen Stadtteil Erfttal.

Noch paarweise waren die Eisenräder der Rollschuhe, die wir uns unter die Straßenschuhe schnürten, angeordnet.

Endlich Schulschluss

Wenn uns das Klingelzeichen nach der letzten Schulstunde erlöste, ging's nach Hause. Dort aßen wir im Eiltempo zu Mittag, brachten die Hausarbeiten rasch hinter uns – und dann nichts wie „raus". Natürlich nach dem Wechsel der Montur, denn die „guten Anziehsachen" sollten ja sauber und ganz bleiben. Vor allem bei den Jungs standen die Bolzplätze hoch im Kurs: roter Ascheplatz oder festgestampfter Erdboden, zwei Tore und ein hoher silberner Maschendrahtzaun, der das Wegspringen des Balls verhindern sollte, genügten, um sich wie Beckenbauer, Müller, Netzer und Co. zu fühlen.

Meistens spielten wir „auf der Straße", etwa als „Blechbüchsen-Armee" aus der Augsburger Puppenkiste.

Das Angebot der meisten städtischen Spielplätze war eher einfallslos: Sandkasten, Rutsche, Schaukel und allenfalls ein Klettergerüst zum Hangeln. Aber wir waren nicht darauf angewiesen, schließlich besaßen wir genug Fantasie. Meist aber gingen wir „auf die Straße", was durchaus wörtlich zu nehmen ist, da der Straßenverkehr ja noch deutlich geringer war. Auf dem Trottoir übten wir, die Balance auf dem Roller zu halten, versuchten, mit dem „Holländer", einer Art Vorläufer des Kickboards, fertig zu werden, oder taten die ersten unbeholfenen Schritte mit den Roll-

schuhen, die damals noch – die Rollen paarweise angeordnet – unter die gewöhnlichen Halbschuhe geschnallt wurden.
Wer das Radfahren gut beherrschte, traute sich zu, eine Runde „um den Block“ zu fahren. Natürlich bestaunten wir die Jungs, die statt des herkömmlichen Kinderrades ein Bonanza-Fahrrad besaßen: vorn mit hohem Lenker, ausgestattet mit einem schmalen, lang gezogenen „Bananensattel“ und nur perfekt mit Fuchsschwanz.

Viel Raum zum Spielen

Für Spiele wie „Räuber und Gendarm“, „Cowboy und Indianer“ oder das Nachspielen der jüngsten Folge unserer Lieblingsfernsehserie gab es Platz genug in Gärten und auf Brachen.
So spielten die Kinder in der Innenstadt im Stadtgarten, Gleichaltrige in den südlichen Stadtteilen auf dem Scheibendamm, dem früheren Übungsgelände der Neusser Schützen, oder in den Rheinauen beziehungsweise rund um die Erftmündung. Diejenigen unter uns, die im Norden von Neuss aufwuchsen, vergnügten sich am Jröne Meerke, dem ehemaligen Kiesloch, an dem während des Zweiten Weltkrieges eine Flak-Station (Flugabwehr-Kanone) stand. Hier wurde im Sommer auch gebadet, was später verboten wurde.
Raum für Abenteuerspiele bot auch das Gelände des früheren Bahndepots an der Neusserfurth, das seit 1971 nicht mehr in seiner eigentlichen Funktion genutzt wurde: Zwischen von Unkraut überwucherten Schienen der „Schleife“ ließen wir im Herbst unsere selbstgebauten Drachen steigen.
Von Holzheim, Minkel, Reuschenberg, Helpenstein oder Speck-Wehl war es nicht weit zum Reuschenberger Park, zur Erft und zur Insel Hombroich, wo Spaziergänger und abenteuerlustige Pänz Erholung fanden.

Stundenlang konnten wir uns auch beim Federballspielen in Omas Garten amüsieren.

Im Winter musste jeder Abhang zum Rodeln herhalten, wie der „Reuschenberg" unterhalb der St.-Elisabeth-Kirche.

Eine kleine Schlittenpartie

Jahrzehnte vor dem Bau der Jever-Skihalle gehörte Neuss nicht zu den klassischen Wintersportgebieten. Immerhin: Wenn der Winter Schnee genug bot, eigneten sich die Böschungen im Stadtgarten, am Jröne Meerke, am Rhein oder irgendwo im Gelände für eine kleine Schlittenpartie.
Ein Riesenspaß war es, wenn sich ein Bauer fand, der die Schlitten der Kinder aus der Nachbarschaft mit dem Trecker in einer langen Kette übers verschneite Feld zog.
Oder wir schnallten uns die rustikal anmutenden Ski, statt aus Hightech-Fiberglas aus starrem Material, für einen Langlauf auf dem Eselspfad unter. Natürlich waren die Lederschuhe, die wir in die Ski einspannten, bald durchnässt, die Zehen halb abgefroren, wenn wir uns bei Dunkelwerden wieder zu Hause einfanden.
Dort vertilgten wir eine Graubrotschnitte nach der anderen, großzügig mit „guter Butter" und Rübenkraut oder Quark und Marmelade bestrichen, die wir so lange vermischten, bis sie wie Streichwurst aussah. Wer schaffte damals mehr „Bütterkes" als wir?

Pflichttermine

Natürlich gab es auch bei uns „organisierte" Freizeit und Pflichttermine: Fußball, Schwimmen oder Tennis im Verein, Gruppenstunden bei der Deutschen Pfadfinderschaft St. Georg, in der Katholischen Jungen Gemeinde (KJG). Die Jungen waren oft Messdiener und mussten den Pfarrer auch während der Kreuzweg-, Mai- und Rosenkranz-Andachten unterstützen.
Als das Zweite Vatikanische Konzil die kindgerechte Vermittlung des Glaubens aufwertete, sangen viele von uns in den kirchlichen Kinderchören, die nun gegründet wurden. Außer bei Kindermessen traten wir beispielsweise bei Seniorennachmittagen in der Stadthalle auf, wo wir die alten Leute mit Liedern wie „Oma, Oma komm doch, nimm mich auf den Schoß" zu Tränen rührten.

„Spiel des Lebens"

Regnete es Bindfäden, stand das ganze Repertoire der traditionellen Karten- und Brettspiele bereit: Mensch-ärgere-Dich-nicht, Dame, Mühle, Halma und Schach; Rommee, Canasta, Skat, Schwarzer Peter und Quartett. Aber die Klassiker bekamen auch Konkurrenz: Monopoly oder „Spiel des Lebens", das mit einem bis dahin nicht da gewesenen Spielaufbau verblüffte, faszinierten uns.

Die Eckbank bot ausreichend Stauraum für alle Gesellschaftsspiele, die wir liebten.

Stundenlang vergnügten wir uns mit „Kniffel" – bis das Würfelgeräusch unseren Eltern den letzten Nerv raubte. Kombinationsgabe wiederum war bei „Mastermind" gefragt.
Aber auch mit Sammelalben, in die beispielsweise Bilder von „Winnetou"-Verfilmungen oder natürlich auch Fußballstars eingeklebt wurden, beschäftigten wir uns gerne.

Die Jungs spielten bei schlechtem Wetter oft mit der Ritterburg oder der geliebten Carrera-Bahn. Lesehungrige verschlangen Enid Blytons Kinderabenteuer oder auch die neuester Comics. Und ein trüber Winternachmittag wurde garantiert unterhaltsamer durch die Märchen-Schallplatten, die in den 70er Jahren in der NGZ-Geschäftsstelle angeboten wurden.

Ein Kicker – der Hit schlechthin. Wenn sich die Tante und die ältere Schwester zu einem Match bereiterk ärten, durfte ausnahmsweise auch mal die Schlafenszeit verschoben werden.

Neuss 1963 aus der Sicht eines Grafikers. Anlässlich der Großstadtwerdung gab die Stadt diese Image-Broschüre heraus.

Wir fahren in die Stadt

So heißt es bis heute, wenn Neusser aus den Vororten zur Einkaufstour in die Innenstadt starten. „Stadt" – damit war der Bereich zwischen Hafen und Erftstraße, Obertor und Niederstraße gemeint, der etwa flächengleich mit der mittelalterlichen Stadtbefestigung war, Richtung Norden lediglich noch bis zur Unterführung am Bahnhof erweitert.

Alle, die aus Gnadental oder von der Neusserfurth kamen, stiegen in den ersten Jahren noch in die „Elektrische" ein. Die Fahrt an sich war schon aufregend, fühlten wir uns doch – stadtfein angezogen – wie große Abenteurer. Vor allem, wenn der Straßenbahnfahrer vor Fahrtbeginn noch die Wendeschleife passieren musste oder wir sogar durch die große Waschstraße im Depot fahren durften. Ab 1971 ging's dann aus allen Stadtteilen per Omnibus in die Stadt.

Moderne Großstadt

Provisorien und Flachdachbauten, die nach Kriegsende die Lücken auf den Trümmergrundstücken notdürftig füllten, waren zahlreich im Stadtbild zu sehen. Zu erhalten oder gar zu sanieren, was das Bombardement der Hafen- und Industriestadt überstanden hatte, war teuer. Und historisch gewach-

Mit der Straßenbahn ging's „in die Stadt" – für uns Kinder eine kleine Weltreise.

Der „Büchel“ vor dem Durchbruch Richtung Hamtorwall. Von dieser Häuserzeile steht nur noch die Gaststätte „Zum schwatte Päd“.

sene Viertel wie der alte Neumarkt standen Visionen von der modernen Großstadt im Wege und mussten Betonschluchten wie dem Meererhof weichen. Fachgeschäfte dominierten in der Neusser Innenstadt in den 60er Jahren, die Zeit der großen Kaufhäuser sollte erst noch kommen.
Den gesamten Hauptstraßenzug vom Bahnhof über Krefelder Straße, Niederstraße und Büchel bis zur Oberstraße zu laufen, war für Kinderbeine anstrengend. Immerhin gab es vor dem großen Horten-Kaufhaus, das Helmut Horten 1962 noch unter dem Namen „Merkur“ in Neuss eröffnet hatte und lange als „modernstes“ Kaufhaus Westdeutschlands galt, etwas Besonderes: die Unterführung der viel befahrenen Kreuzung Zollstraße/Oberstraße. Am Fuße der Rolltreppe saß auch schon mal ein Kriegsinvalide, dem wir mitleidsvoll den von Mutter spendierten Groschen in den bereitgestellten Hut legten. Gleich gegenüber vor der Landeszentralbank stand das „Ofenrohr“, eine Röhrenplastik von E. Hauser, über die sich die Neusser beinahe ebenso ereiferten wie über den nüchternen Museumsneubau, der über einen Gang mit dem mittelalterlichen Obertor verbunden wurde.

Die Zukunftsvision der Neusser Stadtplaner: der Meererhof.

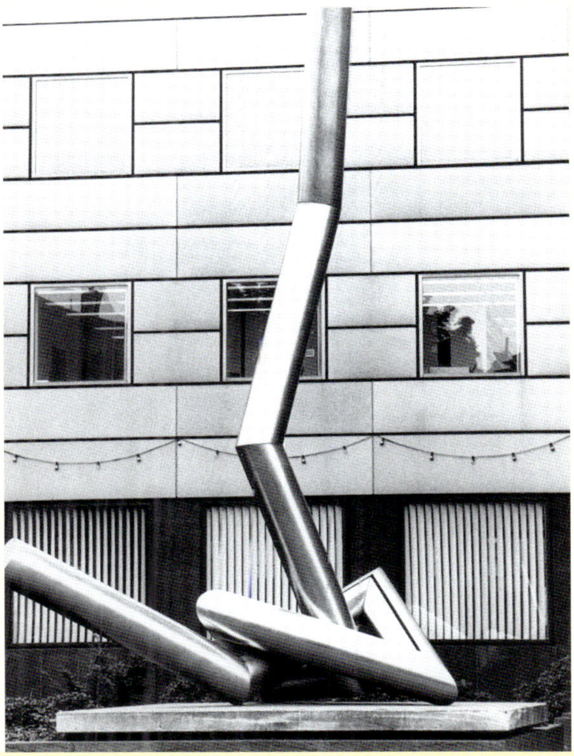

Löste Diskussionen aus: das Kunstwerk, das die Neusser respektlos „Ofenrohr“ nennen.

Unsere Lieblingsgeschäfte

Waren wir schon bereitwillig so weit mitgelaufen, lag ein Abstecher zur Gewürzmühle Engels nahe, wo neben Tees und Gewürzen aus aller Welt große Blöcke Nougat oder Marzipanmasse lockten, oder zum Spielwarengeschäft Kochs an der Münze. Hier rutschten wir juchzend ins Souterrain und wurden nicht müde, die Treppe wieder hinaufzustapfen.

In der Vorweihnachtszeit drückten wir uns am Schaufenster des Spielwarengeschäfts Klöden an der Niederstraße die Nasen platt. Hier gab es rundfahrende Züge und bewegliche Steiff-Tiere zu sehen.

Freudig begrüßt wurde der Abstecher ins Süßwarengeschäft von Mayser auf dem Büchel, das für selbstgemachtes Marzipan bekannt war, oder zu Christian an der Krefelder Straße, wo Pralinen aus eigener Herstellung einzeln mit der Zange in weiße Tütchen gezählt wurden.

Am Weltspartag reihten wir uns in die lange Warteschlange in der Hauptstelle der Stadtsparkasse ein, um als Lob für unsere Sparsamkeit eine neue Spardose, Stundenpläne oder Lineale entgegenzunehmen.

Sollte es neue „Sachen“ geben, gingen unsere Mütter mit uns zum Traditionskaufhaus Rud. van Endert gleich neben dem Rathaus, zu Kellerherberg auf dem Büchel oder Kayser & Ganz an der Ecke Niederstraße / Glockhammer.

„Weißware“, also Unterwäsche, der Marke Kübler führten Kreuels an der Niederstraße, Bleyle-Anzüge und -Kleidchen waren bei Heinemann & Co. auf dem Büchel erhältlich. Als einige der alteingesessenen Läden nach und nach schlossen,

Heimatgefühle löste schon bei uns Kleinen der Anblick des Quirinusmünsters aus.

ergänzte ab 1972 die Firma C&A, von unseren Eltern hartnäckig nur „Brenninkmeyer“ genannt, das Sortiment.

Bei Toll oder im Schuhhaus Albeck wurden uns die Füße vermessen, bevor wir wie die „Großen“ Platz nehmen durften und die nette Verkäuferin uns bediente.

Auf dem Heimweg musste unbedingt bei Uhlenbrock auf dem Büchel noch ein Reistörtchen gekauft werden. Und wenn es vom Turm des Quirinusmünsters gerade 11 Uhr, 15 Uhr oder 17 Uhr schlug, standen wir erwartungsvoll auf dem Münsterplatz, den Blick hoch auf die Fassade des Vogthauses gerichtet, wo sich gleich oberhalb des Glockenspiels zu den Klängen von Schützen- und Heimatliedern die Figuren des Schützenzuges in Bewegung setzen mussten.

Kindergeburtstag

Als wir aufwuchsen, war die Erinnerung an den Zweiten Weltkrieg und den Hunger der Nachkriegsjahre bei vielen Neussern noch nicht verblasst. Essen wegzuwerfen, war für die Generation unserer Eltern und Großeltern unvorstellbar. Das Gelingen einer Feier wurde auch daran gemessen, wie viel es zu essen gab. Ess-Spiele und Wettessen waren bei uns Kindern beliebt: Wer schafft die meisten Stücke Kuchen, Eiskugeln oder Ostereier?

Das war auch so beim Kindergeburtstag, wo die Kerzen auf dem Holzkranz das neue Alter anzeigten: Um Geschicklichkeit ging es beim Würstchenschnappen, wo es galt, mit auf den Rücken gebundenen Händen Brühwürstchen zu verspeisen, die von einer Wäscheleine herunterbaumelten. Beim Stoppessen hatte jeder am Tisch unbeweglich zu verharren, sobald der Befehl kam. Oder Schokoladen-Wettessen: Wer eine Sechs gewürfelt hatte, durfte gehandicapt durch Handschuhe, Mütze und Schal mit Messer und Gabel eine umständlich eingewickelte Tafel Schokolade verspeisen – bis der oder die Nächste Würfelglück hatte. Übergewicht hatte kaum ein Kind, denn Süßigkeiten gab es nicht „so zwischendurch“. Und natürlich wurde auch nicht nur gegessen: Mit klassischen Bewegungsspielen wie Blindekuh oder Reise nach Jerusalem hatten wir viel Spaß. Bis zum Muskelkater knieten wir bei „Laurentia, liebe Laurentia mein“ alle Wochentage durch, formierten uns im Kreis für „Plumpsack“ oder „Dornröschen war ein schönes Kind“.

Unser Aktionsradius war zunächst auf das Stadtviertel begrenzt, in dem wir wohnten. Das Geburtstagsgeschenk für die beste Freundin oder den Klassenkameraden kauften wir im nächsten Schreibwarenladen, der neben kleinen Spielen auch Schneider-Bücher anbot.

„Da fuhren sie erst in die Stadt und wussten nicht, dass Specht es hat“, warb ein Schreibwarengeschäft im Neusser Norden für sein Sortiment.

Süßigkeiten waren alltags die Ausnahme, dafür gab es beim Kindergeburtstag umso mehr.

Sackhüpfen und Würstchenschnappen – ein toller Geburtstag.

„Ons Nüss - Helau"

Unerschöpfliche Möglichkeiten für Rollenspiele bot der rheinische Karneval. Indianer und Cowboy – das waren beliebte Verkleidungen bei den Jungs. Hauptsache, sie hatten Pistolen mit Platzpatronen, die ordentlich Krach machten. Die Mädchen konnten sich als Funkenmariechen oder Prinzessin sehen lassen.

Am Wegesrand der Umzüge, etwa am Kappessonntag in der Neusser Innenstadt, wo die roten Schlepper der Harvester die großen Motivwagen zogen, oder am Rosenmontag in Holzheim und Grefrath, riefen wir begeistert „Ons Nüss – Helau" und bückten uns eifrig nach den „Kamelle", die auf uns herabregneten.

Cowboy und Indianer spielen machte mehr Spaß, wenn wir uns zu Karneval verkleiden konnten.

Marschieren üben muss, wer mal ein richtiger Neusser Bürgerschütze werden will.

Auf zur Kirmes!

Neusser Kinder feiern zweimal im Jahr Kirmes. Neben der „kleinen" Kirmes im jeweiligen Stadtteil gibt es am letzten Wochenende im August die „große" Kirmes in der Innenstadt. Wobei mit „Kirmes" nicht allein der Rummel gemeint ist, sondern das Wort synonym für das Schützenfest steht. Unsere Eltern hatten lange vorher Haus und Garten auf Hochglanz gebracht, Keller und Kühlschrank gefüllt. Denn Verwandte und Freunde kamen eigens für ein paar Tage zu Besuch. Für uns erfreulich, gab es doch von jedem ein paar Mark Kirmesgeld. Die Erwachsenen waren in Feierlaune, wir durften länger aufbleiben, um am Samstag den Fackelzug zu bestaunen und über die großen Motivwagen zu lachen.

Die Jungen marschierten bei den Schützenumzügen als Edelknaben im Pagenkorps des Schützenkönigs oder als Tell-Schützen mit geschulterter Armbrust durch die rot-weiß beflaggte Innenstadt. Für die Mädchen waren die Möglichkeiten zur aktiven Teilnahme eingeschränkter. Wer als Hofdame im langen Kleid zum Hofstaat des Schützenkönigs gehörte, wurde bewundert. Ansonsten brachten wir unseren Vätern Schützensträußchen.

Der Mann „möt der decke Trumm“ beeindruckte uns sehr. Eine eigene Pauke – ein Traum.

Während sich die „Großen“ auf der Festwiese oder im Zelt amüsierten, zog uns „der Platz“ an. Auf dem Weg zum TÜV-Gelände unweit der Rennbahn hatten wir zuerst die „Moppenallee“ an der Hammer Landstraße zu bewältigen, auf der sich, dicht an dicht, vom ersten Hafenbecken an Imbiss-, Bier- und Losbuden, Wurfgeschäfte, Süßwaren- und Eisverkäufer drängten. Natürlich mussten die Jungen ihre Treffsicherheit am Schützenhaus von Johann-Matthias Muckenhaupt und seiner Tochter Luise Schliebs unter Beweis stellen – auch wenn es dafür nur eine Plastikblume gab. Am Abzweig auf den „eigentlichen“, ein Stück tiefer gelegenen Kirmesplatz machten wir noch vor der großen Kirmesorgel Halt.
Aber wir hatten es auf die Karussells abgesehen: Selbstfahrer und Geisterbahn, Kettenkarussell und Schiffschaukel. Für die Jüngsten zog Trippen's Liliputbahn schnaufend ihre Kreise, wer's rasanter mochte, der stellte sich in den „Affenkäfig“ oder wagte sich in die Gondel der Krake. Scheu blickten die Kleineren Richtung Dschungel-Express, wo sich die Älteren am Rand stehend den Fahrtwind um die Nase wehen ließen. Konservative Eltern missbilligten jedoch, dass sich im hinteren, weniger gut einsehbaren Teil verliebte Pärchen trafen.
Blieb ein Rest vom Kirmesgeld, so wurde der auf dem Rückweg in ein Backfisch-Brötchen vom Holzheimer Grill oder in ein „Schmiereis“ bei Becker umgesetzt. Das Leben kann so schön sein!

Kirmes, Kirmes, du des Neussers Freud' und Lu-u-ust: Auf der Schiffschaukel flogen wir in den Himmel hinein.

Fester Termin „op de Daach“: Mit befreundeten Familien bummelten wir „über den Platz“.

Zink Mätes op dem wisse Päd

Im Kunstunterricht bastelten wir schon vor den Herbstferien fleißig an unseren Martinslaternen, die pünktlich zum 11. November fertig sein sollten. Von Blasmusik begleitet, sangen wir beim Martinszug der Schule „Ich geh' mit meiner Laterne" oder „Zink Mätes", das Lied des Neusser Mundartdichters Karl Kreiner, während wir dem heiligen Bischof auf seinem Schimmel durch die Straßen unseres Viertels folgten.

Nach dem Umzug holten wir uns im Klassenzimmer die „Tüte" ab, für die das Martinskomitee wochenlang fleißig gesammelt hatte. Dann ging's in die Nachbarschaft: An jedem Haus wurde geklingelt, ein Lied vorgetragen, und als Dankeschön gab es Schokolade und Bonbons, Mandarinen, Äpfel und Nüsse oder auch einen „Mäteskoke" aus Hefeteig mit Buchweizenmehl und Rosinen.

Wenn sich im November der Abendhimmel rot färbte, wussten wir, dass die Engel jetzt für Weihnachten backen. Wir taten es ihnen gleich, rollten Teig aus und stachen mit Förmchen Plätzchen aus, kurbelten am Fleischwolf, auf den die Schablonen fürs Spritzgebäck montiert waren, bastelten und malten.

Geburtstagsfeiern oder Kinobesuche waren in streng katholischen Elternhäusern während der Adventszeit tabu. Auch die ohnehin knappen Süßigkeiten wurden weiter rationiert. Schließlich bereiteten wir uns mit einer „kleinen" Fastenzeit auf ein christliches Hochfest vor.

„Dä Mäteszoch trick dorch dat Lank": Fleißig hatten wir unsere Martinslaternen gebastelt.

Mit erhobenem Zeigefinger ermahnte Bischof Nikolaus uns, brav und artig zu sein.

„Niklaus komm' in unser Haus"

Am Vorabend des 6. Dezember stellten wir die frisch geputzten Stiefel oder Gabenteller vor die Tür, damit Sankt Nikolaus sie füllen konnte. Viele Väter, Onkel oder Opas hüllten sich in weiße Gewänder und rote Umhänge, klebten weiße Bärte an und setzten die Bischofsmitra auf – und wurden dennoch enttarnt.

Die Begegnung mit dem heiligen Mann beeindruckte uns so sehr, dass wir tagelang „Nikolaus" spielten.

Bei den Adventsfeiern der Vereine begleitete Sankt Nikolaus, der es zweifellos gut mit den Kindern meinte, leider sein Helfer Hans Muff. Der schlurfte, in dunkler Montur, Gesicht und Hände mit angekohlten Korken geschwärzt, hinter der Lichtgestalt her, rasselte mit seiner Kette und drohte, freche Kinder in seinen Sack zu stecken. Wir wurden wortkarg, kleine Mädchen begannen zu weinen. Wer mutig war, stand brav in einer Schlange an, um Bischof Nikolaus die Hand zu schütteln und ein Gedicht oder Lied vorzutragen. Manch einem versagte dabei die Stimme, andere entledigten sich der Aufgabe in rasendem Tempo oder flüsterten kaum hörbar. Der heilige Mann klappte das goldene Himmelsbuch auf und trug doch tatsächlich vor, was wir im Jahresverlauf so angestellt hatten. Zu unserer Erleichterung verbot er jedoch dem Hans Muff streng, eines der „lieben Kinder" aus dem Saal zu entfernen, und die Freude über den Weckmann und die „Tüte" mit Leckereien war echt.

Es weihnachtet sehr

Ungetrübt war die Vorfreude aufs Christkind: Wochenlang hatten wir uns bemüht, artig zu sein. Für jede gute Tat durften wir einen Strohhalm in das Holzkrippchen legen, damit es das Jesuskind weich und bequem hätte. Nach dem Kindergottesdienst am Heiligen Abend, in manchen Familien auch erst am Morgen des ersten Weihnachtstages, kündigte ein zartes Glöckchen die Bescherung an. Vater schloss im Weihnachtszimmer noch rasch das Fenster, durch welches das Christkind gerade entflogen sein musste. Wir lauschten dem Evangelium von Jesu Geburt, sagten unsere Gedichte auf, sangen und musizierten

Endlich! Echte Barbiesachen von Mattel. Da werden die Freundinnen aber staunen!

gemeinsam – und durften endlich die Pakete öffnen und die „Schnubbeleien“ auf den Tellern begutachten.

Um den 6. Januar herum zogen wir als Sternsinger auch bei Eis und Schnee durch die Straßen der Gemeinde. Fleißige Mütter hatten aus alten Betttüchern Untergewänder, aus ausrangierten Gardinen und Tischdecken königliche Umhänge genäht. Mit der Krone aus Stanniolpapier oder einem Turban standesgemäß herausgeputzt, überbrachten wir musikalische Neujahrsgrüße und schrieben mit geweihter Kreide den Segensspruch an die Türen. So sammelten wir im Auftrag des päpstlichen Kinderhilfswerks Spenden für Kinder in aller Welt, denen es nicht so gut ging wie uns – und für uns tütenweise Süßigkeiten.

Erstkommunion

Bis in die 60er Jahre hinein waren, etwa in der Weißenberger Josefskirche, die ersten Reihen im Kirchenschiff Kinderbänke – ohne Sitzgelegenheit, so dass wir während des Gottesdienstes entweder stehen oder knien konnten. Wie teilweise in der Schule herrschte auch hier eine nach Geschlechtern getrennte Sitzordnung. Der Besuch der Christenlehre war selbstverständlich, und der Pfarrer selbst bereitete alle Erstkommunionkinder gemeinsam auf ihren großen Tag vor. Erst im Laufe der 70er Jahre setzte sich zögernd die Katechese durch Laien in Kleingruppen durch.

Die „Kommunionglöcken“, Hefte voller Katechismuswissen und erbaulicher Erzählungen, wurden durch neuartige Mappen mit Bastel- und Malangeboten ersetzt, die Jesus vor allem als Freund der Kinder darstellten und das soziale Bewusstsein schärfen sollten.

Die Erstbeichte trieb uns den Schweiß auf die Stirn, und in der Nacht vor dem Weißen Sonntag fanden wir kaum in den Schlaf. Morgens ging es in der ungewohnt festlichen Kluft – schwarzer Anzug und schwarze Lackschuhe beziehungsweise kniekurzes weißes Kleid und Haarkränzchen – in die Grundschule, von der aus wir in Zweierreihen, konzentriert auf unsere Kerzen, zur Kirche marschierten. Gefeiert wurde im Anschluss daran zu Hause.

Tage zuvor waren Wohn- oder Schlafzimmer ausgeräumt worden, um Platz für die Gäste zu schaffen. Unter den Speisen, die Mutter mit familiärer Unterstützung bereitet hatte, bogen sich die Tische: Nach einer kräftigen Rinderbrühe gab es Braten mit Soße, Gemüse wie Leipziger Allerlei und natürlich Pudding, Eis oder Weincreme zum Nachtisch.

Unsere Erstkommunion war wirklich eine „Kinderkommunion“, denn es war die gesamte Verwandtschaft eingeladen, und alle Tanten und

Onkel hatten gleich mehrere Kinder. Nach Tisch ging's spielen. Aber Halt! Da waren doch noch die Geschenke: Von den Eltern gab es den obligatorischen Rosenkranz und eine Ausgabe des „Gotteslob" – mit Goldschnitt und Lederetui. Bereits seit Tagen hatte es immer wieder an der Haustür geklingelt. Wenn ein Kind ein Geschenk vorbeibrachte, erhielt es als Botenlohn eine Süßigkeit oder eine Münze, so dass diese Aufgabe bei „Ehemaligen" beliebt war. Offenbar waren die Nachbarn der Meinung, eine Neunjährige könne gar nicht genug Stofftaschentücher besitzen. Und wer hatte das Gerücht verbreitet, Kinder freuten sich über Hortensien? Na, die Blumen, die Mutter nicht in den Garten auspflanzte, konnte man ja der Muttergottes am Maialtar in der Kirche „opfern". Als Dank für die freundlichen Gaben, unter denen auch mal ein Fünf- oder Zehnmarkschein oder Pralinen waren, luden wir Kommunionkinder im Zweittagskleid die Nachbarn persönlich zum Kaffee ein. Dass die katholischen Drittklässler aus diesem Anlass einen Tag länger Osterferien hatten als ihre protestantischen Klassenkameraden, neideten diese ihnen ein wenig. Sie wiederum beeindruckten ihre Schulfreunde Jahre später als „fast schon erwachsene" Konfirmanden im ersten richtigen Anzug oder schicken Kleid mit den großzügigen Geschenken ihrer Angehörigen.

Zur Erstkommunion gab es für uns oftmals die erste eigene Armbanduhr.

Katholisches Neuss

Neuss, die „treue Tochter" Kölns, ist traditionell katholisch geprägt. Vor rund 100 Jahren waren mehr als 90 Prozent der Bevölkerung Katholiken, noch um 1950 bekannten sich immerhin 83 Prozent zum katholischen Glauben. Doch die Zahl der Protestanten wuchs – vor allem durch den Zuzug ostdeutscher Vertriebener und Flüchtlinge, die zu zwei Dritteln der evangelischen Konfession angehörten. So weisen die Statistiken für das Jahr 1961 „nur" noch einen Anteil von 69,7 Prozent Katholiken an der Bevölkerung auf, immerhin 26,9 Prozent der Neusser waren evangelisch. Die Zahlen stabilisieren sich in etwa bis Ende der 70er Jahre. 1978 sind 63,3 Prozent der Neusser Bürger katholisch, 25,2 Prozent protestantisch. Parallel dazu nimmt die Zahl derer, die sich zu anderen Religionen bekennen oder keinen Glauben haben, zu (1961: 3,4 Prozent; 1978: 11,5 Prozent).

Beeindruckt zeigte sich 1975 Olympiasieger, Weltmeister und Fernseh-Moderator („Spiel ohne Grenzen") Erhard Keller bei seinem Besuch der Neusser Eishalle im Südpark.

Es lebe der Sport!

Der Sport hatte in Neuss immer einen hohen Stellenwert. Nachdem neue Wohnungen geschaffen worden und neue Schulen entstanden waren, erinnerten sich die Stadtväter der Sportförderung. Öffentliche Schwimmbäder ergänzten das alte Stadtbad, ein Jugendstiljuwel, dessen Technik hoffnungslos veraltet war. 1962 entstanden Hallen- und Freibad im Südpark bei Reuschenberg. Wer sich auf den 10-Meter-Sprungturm wagte und in die Tiefe sprang, durfte sich der Bewunderung der Umstehenden sicher sein.

Wenige Jahre später, 1965/66, erhielten auch die nördlichen Stadtteile ihr Hallen- und Freibad im Nordpark, einer früheren Parkanlage mit uralten Platanen. Den eingezäunten Fahrrad-Abstellplatz bewachte während der Freibadsaison ein Wärter – natürlich gegen Entgelt.

Wer in den großen Ferien nicht in den Urlaub fuhr, machte sich früh am Morgen ins Freibad auf, versorgt mit Butterbroten, frischem Obst und Getränken. Wenn das Taschengeld reichte, gab's am „Büdchen" noch ein Eis am Stiel. Natürlich galt überall, wie auch im kleinen Norfer Hallenbad, Badekappen-Pflicht. Zu groß war die Gefahr, dass die Wasserfilter verstopften. Auf die Einhaltung dieser wie anderer Regeln achteten die Bademeister, die in der Autoritätshierarchie für uns gleich nach dem Schutzmann kamen. Halbstarke verwiesen sie bei groben Regelverstößen der „Badeanstalt".

Spätestens, wenn's um den Eintritt ins Schwimmbad oder die Eissporthalle ging, waren diejenigen mit Geschwistern im Vorteil: Der respektlos „Karnickel"-Pass genannte Ausweis der Stadt Neuss ermöglichte Familien mit drei und mehr Kindern zweimal wöchentlich den kostenlosen Besuch der städtischen Sporteinrichtungen. So hatten wir Gelegenheit, für Frei-, Fahrten- und Jugendschwimmabzeichen zu üben. Wer von seinen Klassenkameraden respektiert werden wollte, musste die entsprechenden Aufnäher an der Badekleidung vorweisen können.

Siegerurkunde war Pflicht

Wochenlang trainierten wir im Sportunterricht – in kurzen, je nach Jahrgangsstufe andersfarbigen Rippstrick-Trikots – für die Bundesjugendspiele. Im Jahnstadion an der Jahnstraße, auf den Sportplätzen in Weißenberg oder Holzheim liefen, sprangen und warfen wir um Punkte. Eine Siegerurkunde war Pflicht. Sportskanonen genossen hohes Ansehen, und wer richtig gut war, erfüllte die Bedingungen für eine Ehrenurkunde mit aufgedruckter Unterschrift des Bundespräsidenten.

Wird es reichen? Sport gehörte für uns nicht nur dazu, sondern nahm in unserem Alltag einen hohen Stellenwert ein.

Auf Bolzplätzen und in den Bezirkssportanlagen, die überall angelegt worden waren, kickten die Jungen im Fußballverein oder der Straßenmannschaft beinahe täglich. Am Wochenende traten sie, ihre Idole imitierend, bei Turnieren gegeneinander an.

Die Jungen bolzten begeistert, wie die D1-Jugendmannschaft der DJK Novesia Neuss, die sogar die Kreismeisterschaften gewann.

Alle sollen fit sein!

Als sich die Folgen des Wirtschaftswunders auf Hüften und Oberschenkeln abzuzeichnen begannen, wurde gegengesteuert: mit der Trimm-Dich-Bewegung. Seine Kampagne „Trimm Dich – durch Sport!" startete der Deutsche Sportbund am 16. März 1970. Maskottchen „Trimmy", im Sportdress und mit erhobenem Daumen, begegnete uns fortan auf Schritt und Tritt – etwa auf Plakaten und Aufklebern – und wurde zum vertrauten Anblick. Selbstredend hatte Neuss sofort einen Trimm-Dich-Pfad, der zwischen Morgensternsheide und Rheydter Straße parallel zum Nordkanal verlief (den Kaiser Napoleon 1794 als Verbindung zwischen Venlo und Rhein hatte anlegen lassen).

So sehen Heldinnen aus: Zweimal holten die Kanutinnen Roswitha Esser (links) und Annemarie Zimmermann olympisches Gold.

Neuss im Freudentaumel

Erfolgreiche Sportler waren bewunderte Idole: Als Annemarie Zimmermann und Roswitha Esser 1964 bei den Olympischen Spielen in Tokio im Zweier-Kajak Gold holten, befand sich ganz Neuss im Freudentaumel. Die Stromschnellen der Erft zwischen Minkel und Eppinghovener Mühle boten ideale Trainingsbedingungen für die Kanutinnen von der Holzheimer Sportgemeinschaft, die ihren Erfolg vier Jahre später in Mexico City wiederholten. Damit trösteten sie über die ansonsten nicht eben überzeugende Leistung der deutschen Sportler hinweg und Holzheim – damals noch eigenständig – war an diesem Freitag, 25. Oktober 1968, „in den Stunden und Minuten von Xochimilco die ‚Hauptstadt' der (Sport-)Welt", wie der Redakteur der NGZ am 30. Oktober 1968 schrieb. Der Ruf „Holz-heim, Holz-heim" sei durch die internationale Zuschauermenge gegangen. Mit fast zwei Längen Vorsprung gingen die beiden ins Ziel. Gold! Zuhause wurde das Duo mit begeistertem Jubel empfangen – und ihm zu Ehren die „Olympiasieger-Straße" in Minkel benannt.

Nicht allein wegen seines sportlichen Abschneidens, auch dank seiner sympathischen und bescheidenen Art war Elmar Frings beliebt, der für den Neusser Schwimmverein im Modernen Fünfkampf bei Olympia antrat. Lange vor einem professionellen Sponsoring oder lukrativen Werbeverträgen spendeten die Neusser fleißig, um den Dozenten der Sporthochschule Köln für Wettkämpfe mit geeignetem Sportgerät auszustatten.

Sportsponsoring 1968: Der moderne Fünfkämpfer Elmar Frings (rechts) nimmt im Warenhaus Köhler von Geschäftsführer Carl Albert Schiffers eine Pistole entgegen.

Vollbesetzte Ränge

Auch für den Fußball in Neuss waren es goldene Zeiten: Während der 60er Jahre spielte der „Verein für Rasensport“ VfR Neuss vor vollbesetzten Rängen auf dem vereinseigenen Platz an der Hammer Landstraße. 1966 wurde die Elf um Willi Traut gar Niederrheinmeister und stieg in den 70ern unter Trainer Friedhelm Funkel in die Verbandsliga auf.
Das Endspiel der Fußball-Weltmeisterschaft 1974 war am grenznahen Niederrhein, wo man zum Kaffeekaufen nach Venlo fährt, nicht ohne Brisanz: Die Emotionen kochten hoch, als die Nationalteams von Deutschland und Niederlande aufeinander trafen. Die Neusser Fußballfans erfüllte es mit Lokalstolz, dass eine Legende des Sports jahrelang in der Quirinusstadt lebte: Hennes Weisweiler, damals Trainer von Borussia Mönchengladbach, wohnte an der Pomona.

Es war eine gute Zeit für den Neusser Fußballsport und den VfR (links: Werner Tenbruck), der am 1. Juli 1966 Niederrheinmeister wurde und damit in die Regionalliga West, damals die zweithöchste Fußball-Liga in Deutschland, aufstieg.

Beim Festakt in der Eissporthalle anlässlich des Stadtfestes 1975 zeigten viele von uns im Orchester, was sie im Schul- und Jugendmusikwerk gelernt hatten.

Schul- und Jugendmusikwerk

Die Neusser Musikschule wurde 1963 gegründet, als eine der ersten nach dem Zweiten Weltkrieg in Nordrhein-Westfalen. Unterstützt von Oberstadtdirektor Dr. Günter Kuhnt machte Helmut Trott, Musikerzieher am Theodor-Schwann-Gymnasium, sich an den Aufbau des „Schul- und Jugendmusikwerks" (SJW), wie es zunächst hieß, um die enge Verzahnung mit den Schulen zu betonen. Seither wurde mehreren Generationen von Neusser Kindern das Notenlesen und Musizieren auf Instrumenten beigebracht.

Dank der Finanzierung durch die Stadt Neuss waren die Gebühren erträglich, Fördermaßnahmen ermöglichten auch Kindern aus weniger betuchtem Elternhaus den Musikunterricht.

Damals besaß die Musikschule noch kein eigenes Gebäude. Unterrichtet wurde nach Schulschluss in Schulen im ganzen Stadtgebiet. Helmut Trott und weitere Musikschul-Pioniere der Verwaltung drängten sich im kleinen Büro an der Hafenstraße, später zog die „Geschäftsstelle" in Räume über der Passage An der Münze ein. Von hier aus baute Dankwart Hallauer als hauptamtlicher Leiter das Schul- und Jugendmusikwerk weiter aus.

„Noten-Führerschein"

Wie beim Führerschein, so stand auch beim „SJW" oder „Musikwerk", wie wir alle bald sagten, die Theorie am Anfang. Wer von uns ein Instrument spielen wollte, hatte zunächst eine Grundausbildung zu absolvieren, die sich an das international anerkannte Kodaly-System anlehnte, benannt nach dem ungarischen Komponisten und Musikerzieher. Beherrschten wir Notenwerte und Tonarten, wurden wir endlich auf die Instrumente losgelassen – meist zunächst die Sopran-Blockflöte, die als geeignetes „Einsteigerinstrument" galt. Violine oder Cello, Querflöte oder Horn unterrichteten teils Mitglieder der Symphonieorchester in Düsseldorf und Mönchengladbach. Beim besonders gefragten Klavier stand sogar eine Aufnahmeprüfung an, da dem SJW bis zum Umzug in ein eigenes Gebäude an der Lützowstraße schlicht die räumlichen Voraussetzungen fehlten.

Wer nicht oft genug an Vorspielabenden und Kammerkonzerten in der Aula oder dem Musiksaal des zentral gelegenen Theodor-Schwann-Gymnasiums teilnahm, hatte alle zwei Jahre zum Kontrollvorspiel zu erscheinen. Was manchen von uns sehr beunruhigte, konnte es doch sein, dass einem hörbar

weniger fleißigen Kandidaten nahegelegt wurde, den Unterrichtsvertrag freiwillig aufzulösen.
In Ensembles studierten wir Werke ein, die wir bei Konzerten im kleinen und großen Kreis aufführten. Sinfonieorchester, Kammermusikkreise und der 1969 gegründete Bläserkreis standen anfänglich unter Leitung des beliebten Oboisten Heinz Klaus. Die ersten Blockflötenspielkreise leitete Brigitte Richter-Picard. Gegen Ende der 70er Jahre wurden insgesamt 34 Spielgemeinschaften gezählt, rund 60 Konzerte und Vorspielabende im Jahr veranstaltet.
Immerhin 750 000 Mark betrug der Jahresetat des Schul- und Jugendmusikwerks 1973. Damals wurden mehr als 3000 Mädchen und Jungen von 17 haupt- und rund 100 nebenamtlichen Musikpädagogen unterrichtet.
Rund 60 Mädchen und Jungen musizierten im großen Bläserkreis, als 1977 der WDR-Hörfunk im Zeughaus, der guten Stube der Stadt, eine Radiosendung aufzeichnete. Bei der zwölftägigen Israel-Tournee des Sinfonieorchesters im selben Jahr stand neben den Auftritten die Begegnung mit den Menschen im Vordergrund.
Und über die Musik hinaus entstanden langjährige Freundschaften, wurden sogar Ehen gestiftet.

Die Kunstfertigkeiten, die uns im Musikunterricht vermittelt wurden, setzten wir bei der Hausmusik gekonnt ein.

Chronik

7. August 1971
Nach monatelanger öffentlicher Diskussion wird die Neusser Straßenbahn eingestellt und die Personenbeförderung Bussen übertragen.

10. Juni 1972
Besiegelung der Städtepartnerschaft Neuss–Chalôns-sur-Marne (heute Chalôns-en-Champagne).

1973
Das historische Neumarkt-Viertel wird abgerissen.

1974
Die Zahl der Babys, bei deren Eintragung in das Geburtenregister der Neusser Standesbeamte den Namen des Vaters offenlässt, steigt.

1. Januar 1975
Die Volljährigkeit, die bislang mit 21 Jahren erreicht wurde, wird auf 18 Jahre heruntergesetzt.

1975
Die erfolgreich zurückgeschlagene Belagerung durch den Burgunderherzog Karl den Kühnen jährt sich zum 500. Mal. Das ganze Jahr über finden Feierlichkeiten statt.
Der Neusser Grafiker Herbert Dörnemann entwirft in diesem Jahr das Neusser „N" für die Stadt-Werbung. Das bauchige Logo findet weit über die Stadtgrenzen hinaus große Beachtung.

27. Juni 1975
Zum ersten Mal erklingt das Schützenglockenspiel auf dem Münsterplatz.

7. November 1975
Der Neubau des Clemens-Sels-Museums wird feierlich eröffnet.

Wir wurden jetzt in Fächern unterrichtet, die wir auf der Grundschule nicht kannten, wie Chemie und Physik.

Auf der weiterführenden Schule

Von unseren Grundschullehrerinnen und -lehrern gut vorbereitet, erfolgte ein großer Einschnitt in unser noch junges Leben: der Wechsel auf die „weiterführende Schule".

Meist war der mit einem längeren Schulweg verbunden, der mit den städtischen Bussen zurückgelegt werden konnte. Das brachte zusätzliche Aufregung, denn man musste die richtige Linie nehmen und durfte beim Aussteigen nicht die Haltestelle verpassen.

Ab einer Entfernung von 3,5 Kilometern gab die Stadtverwaltung kostenlose Monatskarten aus. Einen Sitzplatzanspruch hatten wir natürlich nicht. Gerade zu den Stoßzeiten morgens und mittags drängten sich oft so viele Fahrgäste in die städtischen Busse, dass diese kaum die Türen schließen konnten, weil sogar auf den Eingangsstufen Passagiere standen.

Ein Großteil von uns besuchte die Hauptschule, die ihren Namen damals noch zu Recht trug. Der Abschluss war etwas wert und besonders interessant für jene, die sich schon früh für eine Handwerkslehre entschieden hatten.

Die Neusser Realschulen wiederum bereiteten ihre Schülerinnen und Schüler auf eine Zukunft

Für viele von uns bedeutete der Wechsel auf die weiterführende Schule, dass wir täglich mit dem Bus in die Innenstadt oder einen anderen Stadtteil fahren mussten.

als Angestellte vor. Mit einem guten Realschulabschluss standen die Chancen hervorragend, einen Ausbildungsplatz bei der Stadtverwaltung, bei einer Bank oder Versicherung zu bekommen. Die 1952 von der Stadt Neuss gegründete Realschule war 1958 in eine Mädchen- und eine Jungen-Realschule unterteilt worden, die an der Frankenstraße gleich nebeneinander lagen und sich einen Pausenhof teilten – was immer wieder zu Auseinandersetzungen führte.

Erst die Aufnahmeprüfung

Hatten 1960 bundesweit gerade einmal sechs Prozent eines Jahrgangs die Allgemeine Hochschulreife erworben, so verdoppelte sich diese Quote binnen eines Jahrzehnts und stieg bis 1975 auf 15 Prozent an. Wer ein Neusser Gymnasium besuchen wollte, musste nicht nur gute Zensuren vorweisen, sondern auch eine Aufnahmeprüfung bestehen.
Alteingesessene Neusser Familien schickten ihre Söhne aufs traditionsreiche Quirinus-Gymnasium, das seine Wurzeln auf das Jesuiten-Gymnasium von 1616 zurückführt und 1875 als Königliches Gymnasium vom Staat übernommen worden war. Die Mädchen gingen bevorzugt auf das Mädchengymnasium Marienberg, damals noch in Trägerschaft der Schwestern vom armen Kinde Jesus, einer 1844 von Clara Fey in Aachen gegründeten Kongregation. Beide Schulen sahen bereits mehrere Schülergenerationen ein und derselben Familie. Diese beiden Gymnasien stellten künftige Sextaner vor die Entscheidung: Latein oder Englisch als erste Fremdsprache wählen?

Koedukativer Unterricht

Aus der neusprachlichen, naturwissenschaftlich ausgerichteten Oberrealschule hatte sich 1957 das Theodor-Schwann-Gymnasium entwickelt, benannt nach dem in Neuss geborenen Begründer der modernen Zellenlehre. Am „Schwann“ wurde im Gegensatz zu den beiden humanistischen Gymnasien bereits koedukativ unterrichtet, gingen also Mädchen und Jungen in die gleiche Klasse, was als besonders fortschrittlich galt.
Allein Mädchen vorbehalten war wiederum das Nelly-Sachs-Gymnasium, in dem seit 1958 der Unterricht stattfand. Als Jungenschule wurde 1966 das Alexander-von-Humboldt-Gymnasium gegründet, das sich seit 1969 an seinem heutigen Standort im Schulzentrum an der Weberstraße befindet, in unmittelbarer Nähe des „Nelly“, aber durch die Weberstraße und die Bahnstrecke Neuss-Köln davon getrennt.

In den 60er und 70er Jahren hatten wir in Neuss die Wahl zwischen sieben Gymnasien. Beim Tag der offenen Tür konnten wir uns in Ruhe umsehen.

Schon 1974 nahm das „Humboldt“ unter Direktor Krahé auch Mädchen auf. Mit dem Resultat, dass sich in den höheren Stufen mitunter ein einziges Mädchen in einer ansonsten reinen Jungenklasse wiederfand.
Auch in das wunderschöne historische Gebäude in der Jostenallee, das 1913 als Staatliches Lehrerseminar eröffnet wurde, zog die Koedukation ein. Zunächst als Mädchenschule gegründet, nahm das Marie-Curie-Gymnasium seit 1974 auch Jungen auf.
Jüngster Spross der Neusser Gymnasien ist das Gymnasium Norf, das 1973 seine Pforten öffnete. Die Neusser Gymnasiasten neckten sich untereinander ausgiebig. „Wer nichts kann, geht aufs Schwann“ – „Nur ein Primus geht aufs Quirinus“, hieß es von der einen Seite.
„Wer was kann, geht aufs Schwann“ – „Mit 6 minus aufs Quirinus“, konterte die andere Fraktion. Aber man war sich einig: „Nur ein Dummbold geht aufs Humboldt.“

Hinter den Klostermauern

Gerüchte rankten sich stets um das, was „hinter den Klostermauern“ des Gymnasiums Marienberg vor sich ging: Alle Lehrkräfte im „Nonnenbunker“ seien Ordensschwestern, hieß es fälschlicherweise. Nicht zuletzt, weil das Frauenkloster sich unter dem gleichen Dach befand, gab es in der Lehranstalt strenge Eingangskontrollen. Und wehe, ein jugendlicher Liebhaber näherte sich samstags mittags der alten Schulpforte an der engen Rheinstraße, um seine Freundin nach Unterrichtsschluss abzuholen. Da passte Pfortenschwester Maria Gonzaga in ihrem Glaskasten gleich hinter der Eingangstür schon auf.
Unter Leitung von Schwester Clara Ignatia war es den Schülerinnen bis weit in die 60er Jahre hinein untersagt, in Hosen statt in Rock oder Kleid zum Unterricht zu erscheinen.
Noch in den 70er Jahren erklang regelmäßig in den Sommermonaten die Durchsage von „Schwester Direktorin“ Maria Lioba Otten über das topmoderne Lautsprechersystem im riesigen Neubau: „Unsere Schule ist kein Badestrand. Rückenfreie T-Shirts, kurze Hosen etc. sind zu Hause zu lassen!“ Wer dem zuwiderhandelte, wurde auch während der Unterrichtszeit zum Umziehen nach Hause geschickt.
Strenge Moralvorstellungen herrschten auch an anderen Mädchenschulen: Da gab es Anfang der 60er Jahre an der Mädchenrealschule an der Frankenstraße einen regelrechten Aufruhr, weil eine Schülerin „knutschend im Auto erwischt“ worden war. Umgehend wurde sie zu Schulrektorin Hildegard Schiering zitiert. Wochenlang beherrschte dieses „Fehlverhalten“ die Gespräche auf dem Pausenhof – und hätte beinahe zum Verweis von der Schule geführt.

Technik zieht ein

In den 70er Jahren wurden Sprachlabors in den Schulen eingerichtet: Jeder Sitzplatz war mit einem Kopfhörer versehen, in den zentral vom Lehrerpult eine Sprachübung eingespielt werden konnte. Die Fachlehrer konnten jederzeit unbemerkt mithören, wie wir antworteten, und uns im Zwiegespräch verbessern.

Technisch der letzte Schrei: Im Sprachlabor konnten wir unsere Fremdsprachenkenntnisse bei praktischen Übungen vertiefen.

Zumindest unsere Französischkenntnisse konnten wir „am lebenden Objekt" trainieren: bei einem Schüleraustausch mit der französischen Partnerstadt Chalôns-sur-Marne.

Das Kurssystem kommt

In der Vereinbarung zur „Neugestaltung der gymnasialen Oberstufe in der Sekundarstufe II" von 1972 beschloss die Kultusministerkonferenz die Reformierung der Oberstufe. 1976 wurden die letzten Schülerinnen und Schüler im Klassenverband zum Abitur geführt, das Kurssystem löste die alten Strukturen ab.

Unlust befiel uns

Im Frühjahr 1973 legte der letzte altsprachliche Jahrgang am Quirinus-Gymnasium die Abiturprüfungen ab – und sollte anschließend noch bis zum Schuljahresende brav den Unterricht besuchen. Als sich die übermütigen Oberprimaner mit Wasserpistolen wilde Schlachten im Klassenzimmer lieferten, mussten sie für die restliche Zeit ihren schönen Raum mit einem „Kabuff" unter der Turnhalle vertauschen. „Unlust befiel uns" lautete der dazugehörige Eintrag von Schülerhand ins Klassenbuch. Direktor Ulrich „Blacky" Schwarz sollte nie herausfinden, von wem dieser Satz stammte.

Vorher – nachher: Der Altbau des Gymnasiums Marienberg (oben) wich moderner Architektur (unten).

120 EREIGNISREICHE SCHULJAHRE

Luftaufnahme: So sah Marienberg vor dem Neubau aus.

Ein Schulneubau, der sich vortrefflich ins Gesamtbild der City einfügt.

NGZ-Foto: W. Maes

Alles ändert sich

Für das Quirinus-Gymnasium standen weitere umwälzende Neuerungen an: Das altehrwürdige Gebäude von 1889 an der Breite Straße/Ecke Kanalstraße war in die Jahre gekommen und bot schlicht nicht mehr ausreichend Platz.

Ende der 60er Jahre wurde unter Oberstudiendirektor Dr. Söhngen bereits ein umfassender Um- beziehungsweise Erweiterungsbau erwogen. Man entschied, auf dem Grundstück des ehemaligen Bischöflichen Convicts, des Kollegium Marianum, einen Neubau zu errichten.

Der sollte um den Peter-Behrens-Bau, das alte Gesellenhaus des Kolping-Verbandes, erweitert werden. Die für 1975 geplante Fertigstellung verzögerte sich aufgrund von Baubeschwerden mehrfach, so dass der Schulneubau erst am 8. September 1979 von Josef Kardinal Höffner eingeweiht wurde. Da war der Neubau des Gymnasiums Marienberg zwischen Batterie- und Rheinstraße, der sich an historische Gebäudeteile des Klosters anschloss, bereits seit längerem in Benutzung.

„Hast du Mathe kapiert?" Mittags auf dem Heimweg kauten wir den Schultag noch mal durch und verabredeten uns mit Freundinnen oder „Kumpels" für den Nachmittag.

Ab in die Ferien!

Sechseinhalb Wochen Sommerferien – eine unvorstellbar lange Zeit. Sie verhieß Freiheit, die auch ihre Schattenseiten hatte. Denn unsere Eltern waren fest entschlossen, uns daran zu hindern, wochenlang herumzulungern. Bei den Bauersfamilien war die Mithilfe bei der Ernte selbstverständlich. Und wenn die Kumpels auf dem Weg ins Freibad vom Feldrand noch einen Gruß winkten, fiel es doppelt schwer, beim Strohpressen durchzuhalten.

Auch unsere Mütter konnten uns stundenlang beschäftigen. Bevor es nach dem Frühstück hinaus in die weite Welt ging, hielten sie uns Schüsseln, Küchensiebe oder Eimer unter die Nase, die mit Kirschen, Beerenobst, Bohnen oder was der Garten so hergab, zu füllen waren.

Zur Belohnung gab's ein Eis. Mit ein paar Groschen in der Hand gingen wir zur Nachbarin, die – wie die Langnese-Fahne neben der Haustür anzeigte – eine Tiefkühltruhe besaß und das „Eis am Stiel" aus dem Küchenfenster anreichte, oder zum Eismann, der täglich mit seinem Wagen durch die Siedlungen fuhr. Wer von den knusprigen Waffelhörnchen nicht genug bekommen konnte, der holte bei der italienischen Waffelbäckerei von Herrn Foti im Hinterhof der Mühle Götzen für einige Groschen eine Tüte Bruchwaffeln.

Der Neusser Hauptbahnhof war Ausgangspunkt für Urlaubsreisen und Tagesausflüge.

Es geht auch anders

Hatte Vater Urlaub und erlaubte es die Zeit, unternahmen wir gemeinsam Ausflüge in die Umgebung. Ziele gab es reichlich, die Lage im Umkreis großer Städte wie Düsseldorf, Köln und Aachen, die Nähe zu Eifel, Ruhrgebiet und Sauerland eröffneten eine Vielzahl von Möglichkeiten. Eine Attraktion war beispielsweise das 1967 in einem ehemaligen Braunkohletagebau bei Brühl eröffnete Phantasialand.

Wer kein eigenes Auto besaß, nutzte den „Wuermeling", den Bundesbahn-Ausweis für kinderreiche Familien, mit dem es auf jeden Fahrschein 50 Prozent Ermäßigung gab, benannt nach dem Bundesminister für Familienfragen, Franz-Josef Wuermeling.

Spektakulär: Das 1967 bei Brühl eröffnete Phantasialand war jahrelang erklärtes Lieblingsziel bei Kindern und Jugendlichen, auch für Klassenfahrten und Vereinsausflüge.

Wozu an die Riviera, wenn das Nordparkbad so nah ist?! Das Freibad mit altem Baumbestand war an schönen Sommertagen schwarz von Menschen.

Oder es ging mit dem Rad an den Rhein bei Uedesheim oder Meerbusch, zum Märchenwald nach Viersen oder zu Schloss Dyck. Reuschenberger Park und Mühlenbusch lagen ebenso nahe wie das Wallfahrtskapellchen Niederdonk oder Kloster Langwaden, das einige Zisterziensermönche seit einigen Jahren wieder aufbauten.

Auf der Freilichtbühne des „rheinischen Rothenburg“ Zons sahen wir die liebevollen Inszenierungen der Märchenklassiker.
Vom Schwimmen im Rhein wurde immer dringender abgeraten. Die Wasserqualität verschlechterte sich, der Fischbestand ging so stark zurück, dass die traditionellen Aalschokker immer weniger zu tun hatten. In den 70er Jahren kursierte der Witz: Wer einen Film entwickeln will, braucht ihn nur in den Rhein zu hängen ...
Wer dennoch in Naturgewässern baden wollte, wich auf den „Indus“ beziehungsweise „Silbersee“ in Rheinnähe oder eines der zahlreichen Baggerlöcher in der Umgebung aus, die nach der Kiesförderung stillgelegt worden waren. Das war verboten, wiesen die Gruben doch unerwartet tiefe Stellen auf und unter der Wasseroberfläche verbarg sich Schutt. Was uns nicht ernsthaft davon abhielt, durch die mannsgroßen Löcher in den Maschendrahtzäunen zu schlüpfen.

Sonnen und Baden am „Indus“.

Nordsee, Berge oder Sommerlager

Bella Italia, mit Zelt und Klappstuhl auf dem Campingplatz. Wer sich schon Urlaub im Ausland leistete, wählte eine kostengünstige Variante.

Jedes Jahr eine Urlaubsreise – das konnten sich viele Familien nicht leisten, sparten vielmehr zwei oder drei Jahre fleißig, um zwei Wochen an der See oder in den Bergen zu verbringen. Oft lag das Reiseziel innerhalb von Deutschland, in nur wenigen Stunden mit der Familienkutsche zu erreichen. Wer per Bahn reiste, musste vor allem bei entlegenen Zielen mit drei- bis fünfmaligem Umsteigen rechnen. So ging's in die deutschen Mittelgebirge, an den Alpenrand oder an die Nord- und Ostsee. Wer ins Ausland fuhr, bevorzugte Österreichs Bergwelt oder die nahe holländische Küste, an die sich die Fahrt auch für wenige Tage lohnte.

Rustikal ging es in den Sommerlagern zu, die Kirchen und Jugendverbände organisierten. Zentrale Toilettenanlagen, Waschräume oder gar Duschen? Fehlanzeige. Oftmals steuerten Pfadfinder oder Messdiener-Gemeinschaften nicht einmal offizielle Campingplätze an, sondern mieteten von den Gemeinden am Zielort große Wiesen am Waldrand, wie im fränkischen Wallenfels. Nach dem Aufbau der Zelte hieß es nicht selten erst einmal Gruben für die Latrinen ausheben, die für die nächsten drei Wochen von 60 bis 100 heranwachsenden Jungen genutzt wurden.

Morgens ging es zum Waschen an den nahen Bach – zur Not auch unfreiwillig und wenig umweltbewusst mit Seife.

Die Sonntagsmesse, zu der die Pfadfinder in Kluft erschienen, zelebrierte der Pfarrer im Freien.

Das dreiwöchige Zeltlager mit Unterbringung in Zehnmannzelten hatte etwas von Survival-Training.

Keine Angst vor kräftigen Farben: Der Sing- und Spielkreis St. Josef trug, was Mitte der 70er Jahre modern war.

Modetrends

Musik, Kleidung, Frisuren – die Jugend nutzte sie als Ausdruck der eigenen Persönlichkeit oder als äußeres Zeichen der Zugehörigkeit zu einer bestimmten Gruppe. Chic sein – darum ging es, wenn sich die Jugendlichen in den 60er Jahren für den Tanztee am Sonntag herausputzten: Undenkbar, bei der Nachmittagsveranstaltung ohne Krawatte zu erscheinen – der neueste Schrei aus London war breit und aus Cord. Model Twiggy wurde zum Idol der Mädchen, die sich als Folge ebenfalls eine Bohnenstangen-Figur erhungern wollten. Die Trends wechselten schnell: War in der einen Saison noch Mini angesagt gewesen, galt im nächsten Jahr Maxi als en vogue – alles in schrillen Farben und quietschbunten Mustern.

Noch 1971 kein ungewöhnlicher Anblick: Auch mit Anzug und Krawatte waren wir sehr lässig.

Hippies und Faulenzer

Die Rolling Stones lösten die Beatles ab, zum Filmhit „Reifeprüfung“ passte die Musik von Simon & Garfunkel, die schwedische Popgruppe Abba war für die Jüngeren von uns oftmals der Einstieg in die Popmusik, der Rock wurde härter.
Die 70er Jahre ließen es auch modisch krachen: riesige Kragen, Revers und Krawatten, Schlaghosen und Plateau-Schuhe, schrille Muster und knallige Farben, wohin wir sahen. Die bei Modemachern beliebten Kunstfasern machten dabei leider jedes Deo irgendwann wirkungslos.

Auch die bereits in den späten 60ern einsetzende Protestbewegung beeinflusste die Mode immer stärker – nicht nur bei den politisch aktiven Jugendlichen (und wer war das eigentlich damals nicht?): Studenten, die gegen verkrustete Strukturen an Universitäten und in der Gesellschaft demonstrierten; „Blumenkinder", die für Liebe statt Krieg plädierten; Jugendliche, die einfach nur gegen ihr konservatives Elternhaus aufbegehrten. Protestiert wurde eigentlich gegen alles. Die Kleidung wurde lässiger. Mode war plötzlich das, was die Jugend auf der Straße trug. Erstmals gab es den Unisex-Look, die Hose setzte sich vollends auch beim weiblichen Geschlecht durch.

Die Mädchen trugen zu langen, bunten Gewändern das lange Haar offen und waren in der Rückenansicht manchmal nicht von ihren ebenfalls langhaarigen Freunden zu unterscheiden, was die ältere Generation irritierte. Für sie war klar: Das waren Hippies, Faulenzer mit lockeren Moralvorstellungen, die sich an keine bürgerlichen Konventionen hielten, womöglich für die freie Liebe eintraten, wie sie beim Festival in Woodstock propagiert worden war. Opposition zur „Gesellschaft" signalisierten auch jene von uns, die im Military-Look herumliefen: gern auch mit Peace-Zeichen auf dem Bundeswehr-Parka.

Eine reine Tanzmode war hingegen der Disco-Chic der späten 70er Jahre mit weiten Schlaghosen, großen Kragen und viel Glitzer. Die eher alltagsuntauglichen Outfits kamen nur am Wochenende zum Einsatz.

Toast Hawaii und großgemusterte Tapeten

Auch das Essen war Trends unterworfen. Die Hausfrau zog den Toast Hawaii aus dem Backofen, richtete Buffets mit Spargelröllchen und Mettigel an. Die psychedelische Reklame von „Bluna" oder „Afri-Cola" passte in eine Zeit, in der großgemusterte Tapeten mit bunten Blumen, orangefarbenen Grafiken oder blauen Streifen die Wände

1970 schwer angesagt in deutschen Jugendzimmern: Weiße Schleiflack-Schrankwand mit ausklappbarem Sekretär, Plattenspieler und LP-Sammlung.

Schade ist es nicht um die großgemusterte Tapete, die von den Postern angesagter Bands wie Smokie oder The Bay City Rollers verdeckt wird, oder?

in Küchen und Wohnzimmern zierten. Die kleinen Räume waren vollgestellt mit wuchtigen Club-Garnituren und Monstern von Schrankwänden, welche die gesamte Zimmerbreite einnahmen. Zur fröhlich bunten Einrichtung passten perfekt die kunterbunten Pril-Blumen, die in nahezu jedem Haushalt auf dem Fliesenspiegel der Küchenzeile oder den Kacheln im Bad klebten.

Für Eltern verboten!

Ob Schüler, Lehrling, Student oder junger Arbeiter – bei allen von uns war das Geld chronisch knapp. Was wir von unseren Lehrherrn bekamen oder bei Ferienjobs verdienten, sparten wir für ein Moped, Plattenspieler oder Kleidung.

Preiswerter Treffpunkt war das Elternhaus, vor allem, wenn ein Partykeller vorhanden war: zeittypisch mit selbstgebauter Theke, Barhockern, Plattenspieler – und Papas Vorräten an hochprozentigen Getränken.

Eine Bleibe boten auch die Kirchengemeinden den Heranwachsenden. So traf sich die protestantische Jugend im evangelischen Gemeindehaus an der Drususallee. In den katholischen Pfarrgemeinden sammelten die jungen Kapläne die Jugendlichen um sich, diskutierten in ihren Wohnungen mit ihnen halbe Nächte bei kiloweise Spaghetti. Nach und nach etablierten sich offene Treffs, „Dämmerschoppen" oder „Teestuben" genannt, wo in zusammengewürfeltem Mobiliar tatsächlich auch Tee getrunken wurde.

Gleichaltrige des anderen Geschlechts konnte man gut beim Besuch der Tanzschule Hopp-Schneidt kennenlernen. Mit der korrekten Schrittfolge allein war es aber nicht getan: Hannelore Hopp-Schneidt vermittelte zugleich gutes Benehmen. Beim Abschlussball in der alten „Bürger", dem Haus der Bürgergesellschaft an der Niederstraße, konnten die Eleven das Erlernte anwenden.

Natürlich ins Leoheim

Wo gehen wir hin? Natürlich ins Leoheim, wie das städtische Jugendheim am Ende der Leostraße bis heute bei jenen heißt, die dort vor 40 Jahren den Tanztee besuchten oder als Kinder in der Aula für 50 Pfennig Walt Disneys Klassiker „Die Wüste lebt" sahen. An den Namen „Geschwister-Scholl-Haus" konnten sie sich nie gewöhnen.

Den Beatbands aus Neuss und Umgebung bot das Leoheim während der 60er Jahre eine Plattform für erste öffentliche Auftritte. Zehn Jahre später hatten sich Musikrichtung und Tanzstil geändert, schleuderten die Besucher auf den berüchtigten „Kopfwackler-Feten" lange Haare zu den Klängen von Iron Maiden und Deep Purple im Kreis herum. Braucht die Innenstadt ein neues Jugendheim? Soll die Stadt nur Geld und Raum zur Verfügung stellen, die Organisation aber den Jugendlichen überlassen? Oder eine Leitung einsetzen? Über diese Fragen wurde um 1970 herum in Neuss heftig diskutiert. Resultat der teils hitzigen Auseinandersetzungen war das „Haus der Jugend" am Hamtorwall. Und trotz offizieller Leitung war es unseren Eltern lange nicht recht geheuer. Nicht weit davon entfernt, in der kleinen Parkanlage zwischen „Gloria"-Kino und Hamtorwall, traf sich die Rocker-Szene, waren junge Männer anzutreffen, die als „böse Jungs" galten und auf Namen wie „Sputnik" oder „Jösi", „Flemm" oder „Elvis" hörten.

Traditionsgaststätten

Eine Jugendkneipenszene entwickelte sich erst allmählich. Wegen der geringen Wirtschaftskraft der Jugend waren Gastwirte auf zahlungskräftigere Kunden angewiesen. Sportlich ging's im „Jäger am Markt" zu, wo sich Fans und Spieler des VfR (Verein für Rasensport) Neuss trafen.
In den geschichtsträchtigen Mauern des „Nobber" (Nachbar) im Glockhammer fühlten sich nicht nur die Radrennfahrer des NRV (Neusser Radsportverein) 1899 wohl. Jazzige Töne erklangen aus dem „Bunten Ochsen", im „Bürgerbräu" an der Krefelder Straße war am Wochenende Tanz. Und wer bei einem Mädchen Eindruck schinden wollte, der führte es ins „Vater und Sohn" an der Hafenstraße: Hier, im Untergeschoss des Hotels „Haus Niedertor", schwebten die Paare zur Musik einer Drei-Mann-Kapelle über die Tanzfläche, neben der – stimmungsvoll beleuchtet – der Erftkanal vorbeifloss.

Milchbar und Theaterstars

„Der" Jugendtreff der 60er schlechthin: die Milchbar an der Ecke Glockhammer/Quirinusstraße, in der es nicht immer so harmlos zuging, wie der Name vermuten lässt. Vormittags bestellten die Gymnasiasten bei Mariele, Trudi und Maria hinter der Theke Milchmixgetränke und Eis, später am

Im „Bierkeller" an der Krefelder Straße konnten wir Schauspieler treffen, die wir sonst allenfalls aus dem Fernsehen kannten – oder vom Gastspiel im Rheinischen Landestheater.

Tag wurden Bier aus der Stubsflasche und im Zwischendeck auch stärkere Getränke wie Liköre von Bols, Nikolaschka oder Samtkragen serviert. Wirt Joseph Abels (Abels Jupp) war Beichtvater, Anneliese „Julchen" Mutter der Kompanie. Die Nischen im mittelalterlichen Gewölbekeller boten Rückzugsmöglichkeiten für Verliebte.
Junge Leute und Theaterinteressierte besuchten schon bald nach seiner Eröffnung 1971 den „Bierkeller" von Winfried Luenemann, Schauspieler am Rheinischen Landestheater mit Gastronomie-Erfahrung, an der Krefelder Straße. Hier konnten wir Schauspieler wie Gerd Vespermann und Chariklia Baxevanos, die ein Gastspiel in Neuss gaben, von Nahem sehen. Oder den Kölner Volksschauspieler Willy Millowitsch, dem Kellner Viktor Steinfeld Gulaschsuppe servierte. Das Lokal war bald auch in der Homosexuellen-Szene beliebt. Mit 70 Pfennig pro Glas – üblich waren 50 Pfennig – war das Bier verhältnismäßig teuer.

Erste Discos

Allmählich hatte der Tanztee ausgedient, eröffneten die ersten Discotheken in Neuss: etwa „Charly's Disco" im Glockhammer oder die Disco „Maxim" im Hochhaus am Hamtorplatz. In der Kapitelstraße und An der Münze gab es kleinere Tanzräume, die Lokalen angeschlossen waren. Getanzt wurde zur Musik von T.Rex, Steppenwolf, The Byrds oder CCR, wie die Gruppe Creedence Clearwater Revival bei ihren Fans hieß. Auf dem Weg nach Hause gab es dann die „Letzte Runde" an der Goethestraße, für viele Neusser eine regelrechte „Heiratsbörse".

Manches Paar lernte sich in der „Letzten Runde" an der Goethestraße kennen.

Im „Neuen Marienbildchen" an der Neustraße, wegen Gastwirt Arnold Tauwel „Bei Arnold" genannt, trafen sich die Studenten der Pädagogischen Hochschule. Von hier aus machten wir uns ins berüchtigte „Bermudadreieck" zwischen „Spiegel", der in den 70ern in alter Bausubstanz gegenüber dem Standort des früheren Hamtors eröffnet hatte, Disco „Joint" an der Erftstraße und Büttgerstraße auf: Hier, in Haus Nummer 3, betrieben Winfried Luenemann und seine Frau Christa Müller, Souffleuse am Rheinischen Landestheater Neuss, den „Hammtorkrug", Treffpunkt für Jugend mit Anspruch und natürlich der großen Theaterfamilie.
Als Oswald Piecharczek die Wirtschaft übernahm, übertrug sich sein Spitzname auf die Kneipe: Man ging ins „Ossi", wo PH-Student Christian „Hannes" Rulfs sich als Kellner das Studium finanzierte. Seine Idee, die ausrangierte Kasse eines Straßenbahnschaffners für die Gastronomie umzurüsten, wurde bald von vielen kopiert. Drei Türen weiter im „Büttger 9" kümmerte sich derweil Gastwirt „Pitschi" um seine Gäste, die er liebevoll seine „Schöpkes" (Schäfchen) nannte.
Dass im Wohnhaus eines früheren Neusser Bürgermeisters der französische Kaiser Louis Napo-

leon übernachtet haben soll, interessierte uns bei unseren Besuchen im „Haus Jordans“ gegenüber dem altehrwürdigen Marienberg-Gymnasium nur am Rande. Unsere Eltern befürchteten Schlimmes und behielten Recht: Ihre Töchter hatten Kontakt zu gleichaltrigen Jungen. Und am Wochenende traten bei Gaby und Hans Hebben Live-Bands auf. Im „Flory's Inn“ an der Bergheimer Straße, nur eine Woche vor den Olympischen Spielen 1972 von Florist Dieter Kippels eröffnet, grölten samstags nachts bis zu 200 Gäste bei Udo Lindenbergs „Andrea Doria“ mit. Die Gesangseinlagen der „Sauf- und Dröhnkompanie“ auf dem Mäuerchen unweit des Botanischen Gartens führten gelegentlich zu Einsätzen der Polizei.

Reinhören im Plattenladen

Musik und Jugend – das gehörte immer schon zusammen. Begeistert hörten wir den Beat-Club auf Radio Bremen oder versuchten, einen niederländischen Piratensender ins alte Röhrenradio zu bekommen. In die neuesten Scheiben etwa von den Beatles oder den Rolling Stones konnten wir in den Plattenläden reinhören, so bei Radio Düssel, Radio Graef, Tillmanns an der Kapitelstraße, in der Disco-Box in der Münze oder im Musikhaus Kistler an der Krefelder Straße beziehungsweise auf dem Büchel. Bei Platten-Schmidt gegenüber dem Bahnhof am Marienkirchplatz gab es auch Konzertkarten.

Der Plattenkauf wollte gut überlegt sein, kostete eine Single in den 70er Jahren doch satte 4,75 Mark, eine Langspielplatte sogar stolze 18 Mark. Musikalienhändler Bruno Kistler machte den jungen Leuten, die von Burns-Gitarren aus Liverpool oder Ludwig-Schlagzeugen träumten, Sonderpreise oder ließ sie die Summe abstottern.

Regelrechten Kultstatus genoss „Ali's“ Plattenladen an der Klarissenstraße, der auch Musik führte, die nicht in den Hitparaden rauf und runter lief. Zu Albrecht „Ali“ Möller ging man nicht (nur), um eine Platte zu kaufen. Manchmal legten ein paar Kunden zusammen, einer holte gegenüber im „Dom“ ein Tablett Altbier, und dann wurde über den Sinn des Lebens philosophiert oder über Gott und die Welt diskutiert.

Beat-Club Neuß

Nicht nur angesagte Musik hören, sondern ihren Idolen wie The Kinks oder The Who nacheifern wollten die zahlreichen Beat- und Rockbands, die im „Atrium“-Kino oder dem Haus Reuschenberg, im Kaarster „Odeon“, in der Stadtschänke oder Gemeindezentren auftraten. „Starclub“ war das Leoheim: Hier waren The Sharks, The Larks oder The Darks, The Dukes, The Rays oder The Anythings zu hören – das „The“ vor dem englischen Bandnamen durfte nicht fehlen. Natürlich wollten sich die Bands gegenseitig übertrumpfen, gab es Konkurrenz, aber nie Handgreiflichkeiten. Der von Karin Halle, einer jungen Musik-Fachverkäuferin bei Radio Kistler, gegründete Beat-Club Neuß gab nicht nur eine kleine Szene-Zeitschrift heraus, sondern organisierte auch Konzerte, wie jenes 1966 in der Neusser Stadthalle, das der zwei Meter große „Hühner-Hugo“ Klaus Bornstein in Blumenhose kurz und schmerzlos moderierte: „Wahnsinn“.

„Lange“ Haare und ein Hemd, das über der Hose getragen wurde! 1964, als The King Bees (Heiner Berkefeld, Abraham Wallenstein und Peter Richter) auftraten, schüttelten unsere Eltern darüber nur den Kopf.

Hier hatten auch The King Bees einen umjubelten Auftritt: Heiner Berkefeld (Schlagzeug), Peter Richter und Abraham Wallenstein (beide Gitarre und Gesang) hatten sich, wie zahlreiche andere Neusser Musiker, während der gemeinsamen Schulzeit am Schwann-Gymnasium kennengelernt. Lokalmatadoren waren The Scrabees, die sich 1966 aus Mitgliedern der Scrapers und der King Bees formiert hatten: Peter Richter, Jojo Seidel (beide Sologitarre und Gesang), Diddi Schade (Bass) und Gert Job (Schlagzeug) gewannen jedes Beat-Festival rund um Neuss und siegten gar bei der Endausscheidung der Wettbewerbsserie „Heute Nachwuchs – Morgen Star“ in Köln. Leider stellten sie auf dem Heimweg fest, dass ihnen keine Kopie des ausgehandelten Plattenvertrags ausgehändigt worden war, man sie gnadenlos übers Ohr gehauen hatte.

Waren Künstler und Publikum zu solchen Gelegenheiten anfangs noch in Nyltest-Hemd und Anzug mit Krawatte erschienen, wurde das äußere Erscheinungsbild zunehmend aufmüpfiger. Haare, die über die Ohren reichten, oder Hemden über der bunten Hose ließen unsere Eltern Anarchie und Rebellion befürchten.

Aufmüpfig? Selbst ins Rock-Konzert gingen wir in den 60ern mit Anzug und Krawatte inklusive Kurzhaarschnitt und nahmen brav auf den Kinosesseln Platz.

Erfindung eines „Neusser Italieners"

Spaghetti-Eis

Die Täuschung ist nahezu perfekt: Gelblich-weiße Schnüre, übergossen mit roter Soße und gekrönt von fein gemahlenen weißen Raspeln. Ganz klar: Spaghetti Napoli.
Dann die Überraschung: Die vermeintlichen Nudeln sind eiskalt und süß, denn die Kreation besteht aus Vanilleeis, Erdbeersoße und weißer Schokolade.
Das Spaghetti-Eis erfand ein italienischer Gastarbeiter, der 1956 als einer der ersten nach Neuss gekommen war und zwei Jahre später in der Gartenvorstadt Reuschenberg eine Eisdiele eröffnete, die bis heute zu den besten innerhalb der Stadtgrenzen zählt: Eliano Rizzardini. Er stammte aus einem kleinen Dorf im Zoldi-Tal in den Dolomiten, das bis heute als „Tal der Eismacher" gilt.
Die Idee vom Spaghetti-Eis kam Rizzardini in einer Nacht des Jahres 1969. In der Pizzeria des ebenso stadtbekannten Gastronomen und Pizza-Bäckers Dino Rizzi saßen die Freunde beisammen, als Rizzardini seinen Kumpel Rizzi bat, ihm doch einmal die Kartoffelpresse aus der Küche zu holen – er wolle etwas ausprobieren. In langen Fäden kam das Vanilleeis aus der Presse. Die Geburtsstunde des Spaghetti-Eis.
Rizzardini glaubte, wenn die Spaghetti-Gerichte seiner Landsleute in Deutschland so großen Anklang fänden, dann müsste er doch mit einem an Pasta erinnernden Eis auch Erfolg haben. Tatsächlich wurde das Spaghetti-Eis begeistert von den Kunden angenommen – und von der Konkurrenz. Nicht auszudenken, wie viel Eliano Rizzardini hätte verdienen können, hätte er nicht versäumt, sich seine Idee patentieren zu lassen.
Seit dem Tode Rizzardinis im Januar 2000 setzt Antonio Casanova die italienische Eismacher-Tradition an der Reuschenberger Minzstraße fort. Die Rezepte seines Vorgängers hat er übernommen.

Eliano Rizzardini (links) kurz nach seiner Ankunft in Deutschland: Wenige Jahre später erfand er in Neuss das Spaghetti-Eis.

Auf dem Sprung ins Medienzeitalter

Wir wuchsen ganz selbstverständlich mit elektronischen Medien auf. Statt um das wuchtige alte Röhrenradio versammelte sich die Familie nun abends um das nagelneue Fernsehgerät, das einen Ehrenplatz im Wohnzimmer erhielt und die ganze Welt in die gute Stube brachte.

Doch besaß längst nicht jeder Haushalt einen Fernseher. Das hatte weniger pädagogische als finanzielle Gründe. Während die Klassenkameraden also begeistert von Serien wie „Lassie" oder „Fury", „High Chaparall" oder „Bonanza" berichteten, konnten manche Mitschüler nur staunend zuhören. Falls wir keinen Fernseher zu Hause hatten, trafen wir uns häufig bei einem Nachbarskind, dessen Eltern bereits solch einen Wunderkasten gekauft hatten, und konnten kaum den faszinierten Blick vom Bildschirm wenden.

Was gab es da auch nicht alles zu sehen, obwohl gerade einmal drei Fernsehsender zur Auswahl standen: neben ARD und ZDF der jeweilige Regionalsender, hier im Westen der WDR, der damals noch WWF hieß – Westdeutsches Werbe-Fernsehen. Die feschen jungen Damen, die als Ansagerinnen durch die wenigen Stunden Programm führten, kündigten uns die Streiche der „Bezaubernden Jeannie" oder des „Onkel vom Mars" an. Per „Raumschiff Enterprise" machten wir uns auf in die unendlichen Weiten des Weltalls oder besuchten „Die Waltons" auf ihrer Farm.

Auch die deutschen Fernsehschaffenden hatten einiges zu bieten. So erfreuten uns die Stücke der Augsburger Puppenkiste oder die Abenteuer von „Robbie, Tobbie und das Fliewatüüt". Wir staunten über die Zauberkunststücke von Pan Tau und begeisterten uns auch für andere tschechische Kinderfilme wie „Drei Nüsse für Aschenbrödel".

Gerade einmal drei Programme standen dem Fernsehzuschauer zur Auswahl, die er zunächst nur in Schwarz-Weiß genießen konnte. Die Einbaugeräte hatten lächerlich kleine Bildschirm-Diagonalen.

In den 70er Jahren wurden die Kindersendungen deutlich frecher, wie Ratz und Rübe aus der „Rappelkiste" oder die Pänz vom „Kli-Kla-Klawitter-Bus" zeigten. „Neues aus Uhlenbusch" berichtete uns damals der kleine Moritz Bleibtreu, und den Dorfbriefträger Onkel Heini (Hans-Peter Korff) schlossen wir alle ins Herz.

Ein Straßenfeger war die Verfilmung von Max von der Grüns erfolgreichem Kinderbuch „Die Vorstadt-Krokodile", in der wir uns – wenn wir auch nicht im Ruhrgebiet wohnten – wiederfinden konnten.

Seit 1969 wurde die ZDF-Hitparade ausgestrahlt, wer aber statt auf deutschen Schlager auf internationalen Pop stand, schaltete lieber Ilja Richters „Disco" ein: „Licht aus – womm! Spot an – yeah!"

Diskothek im WDR

Auch die übrige Unterhaltungselektronik wurde revolutioniert. Mussten wir noch in den 60er Jahren unsere Weihnachtsgedichte ins Mikrofon von Vaters altem Tonbandgerät stottern, kamen nun die ersten praktischen Kassettenrekorder auf, mit denen wir spannende Kinderbuch-Klassiker oder die aktuellen Hits hören konnten. Mit dem Mikro in der Hand postierten wir uns vor dem Fernsehlautsprecher, um die Erkennungsmelodie der Lieblingsserie aufzunehmen.

Pflichttermin war der Mittwochabend, wenn ab 19.05 Uhr im Hörfunk auf WDR 2 Mal Sondock die „Diskothek im WDR“ moderierte.

Die gute alte „Musiktruhe“ aus den 50ern wurde durch moderne Plattenspieler abgelöst, die jedoch teure Nadeln für den Plattenarm benötigten (Diamant war natürlich am besten). Die Platten nahmen allzu unachtsamen Umgang übel, mochten keine Kratzer, weil die sensible Nadel sonst über die betreffende Stelle hüpfte und es im Lautsprecher krachte oder eine Endlos-Schleife begann. Die Radios wurden kleiner, längst auch transportabel.

Dr. Sommer erklärt

Die Printmedien entdeckten die Jugend als Kunden. In der „Bravo“ klärte Dr. Sommer alias Dr. Martin Goldstein dort auf, wo Eltern nicht gesprächsbereit waren. Dass der Mann unter Pseudonym schrieb und in Kaarst und damit quasi „um die Ecke“ wohnte, wussten wir natürlich nicht.

Die Jüngeren waren von „Yps“ begeistert, das neben Lesestoff jedes Mal witzige Gimmicks bot.

Kennen Sie Kino?

Diese Frage stellte Helmut Lange ab 1971 in seiner beliebten ARD-Ratesendung. Und ob wir Kino kannten. Dass wir damit groß wurden, dafür sorgten – nicht ganz uneigennützig – Väter und ältere Geschwister. Unsere Väter setzten uns auf dem Weg zum Sonntagsfrühschoppen etwa beim „Gloria“-Kino an der Niederstraße ab, wo wir auf der 100 Quadratmeter großen Leinwand Märchen und Zeichentrickfilme sehen durften. Unsere älteren Geschwister bevorzugten das einige hundert Meter weiter Richtung Bahnhof gelegene „Adler“, wo die etwas spannungsgeladeneren Filme für die „Größeren“ gezeigt wurden.

Wie Perlen auf der Schnur waren gleich vier der insgesamt sieben Neusser Kinos an der Niederstraße zwischen Niederwallstraße und Brandgasse aufgereiht: Schräg gegenüber vom mit 1000 Sitzplätzen größten Haus, dem „Gloria“, entfernt, stand bis Ende der 60er Jahre das von Herrn Winkels betriebene „Apollo“, das immerhin 800 bis 1000 Zuschauern Raum bot. „Gehen wir in die Loge oder schauen wir uns den Film an?“ lautete die Frage, die frischverliebte Pärchen zunächst zu klären hatten.

Etwas kleiner war das „Adler“ mit etwa 600 Plätzen, dessen Seitenausgang zur Niederwallstraße bei sommerlicher Hitze einen Spalt weit geöffnet war, um etwas frische Luft hereinzulassen. Gelegenheit genug für die Kinder aus der Nachbarschaft, einen Blick auf die Leinwand zu werfen, wenn die Platzanweiserin gerade nicht zu sehen war.

Im Eingangsbereich des „Europa“, kurz „Euro“ genannt, vertrieb sich die Jugend in der „Eurostu-

be“ am Flipper die Zeit bis zum Beginn des Films. Im Zuge der Innenstadtsanierung – 1973 wurde das Quartier rund um den Neumarkt dem Erdboden gleichgemacht – wurde es von der Niederstraße 42 zur Niederwallstraße in den Gebäudekomplex des neuen Stadtbades verlegt und firmierte fortan unter „Europa-Kinocenter“: Statt eines großen gab es nun mehrere kleine Vorführsäle, die teils kaum größer als Wohnzimmer waren. An der Friedrichstraße behaupteten sich tapfer die „Kammerspiele“, später in „Cinema“ umbenannt, unter Regie von Herrn Feikes, der auch Besitzer des „Adler“ war. Wer auf der Furth wohnte, ging ins „Laternchen“, den zum Kino umgebauten ehemaligen Tanzpalast „Atlantik“ an der Venloer Straße. Und auch die Gartenvorstadt Reuschenberg hatte an der Bergheimer Straße ihr „Lichtspielhaus“.
„Filmtheater“ hießen manche dieser Kinos nicht ohne Grund. So wurde das „Gloria“ bis zur Fertigstellung der Stadthalle 1961 regelmäßig für Bühnenaufführungen genutzt und besaß sogar einen Orchestergraben.
Das Haus der Familie Wieczorek war im Krieg zerstört, das heutige Gebäude am 25. Oktober 1950 mit dem Buntfilm „Schwarzwaldmädel“ wiedereröffnet worden – als eines der modernsten Filmtheater in Deutschland. Im Bühnenhaus mit gleich vier Aufzügen sorgte die Technik dafür, dass die Leinwände für die Dauer der Bühnennutzung heraufgezogen und später wieder heruntergelassen werden konnten. Als Ende der 70er Jahre der Trend hin zum kleinen Haus für Studiofilme ging, bauten die Geschwister Peter und Brigitte Wieczorek 1978 das ungenutzte Bühnenhaus in ein weiteres kleines Kino um: das „Princess“ mit gerade einmal 100 Sitzplätzen.

Kinokrise

Eine erste regelrechte Kinokrise mit teils dramatischen Einbrüchen der Besucherzahlen löste der Einzug des Fernsehers in die Wohnzimmer während der 60er Jahre aus. Allein von 1960 bis 1969 gingen die Filmbesuche bundesweit von 604,8 Millionen im Jahr auf gerade einmal 172,2 Millionen zurück, die Zahl der Kinos halbierte sich im gleichen Zeitraum nahezu von 6950 auf 3739. Ausgerechnet die Sex- und Aufklärungswelle mit Filmen wie Oswalt Kolles „Deine Frau/Dein Mann – das unbekannte Wesen“, von der Filmkritik nicht eben hoch gelobt, dem „Hausfrauen-Report“ oder „Helga“ von der Bundeszentrale für gesundheitliche Aufklärung, die teilweise im „Adler“ oder „Europa“ gezeigt wurden, sorgten für etwas Aufwind während der Branchenflaute. Eine Brise, von der das „Gloria“ jedoch nicht profitierte, da seine Betreiber auf familientaugliche Filmauswahl setzten.
Zu schaffen machte den Kinobesitzern auch die 20-prozentige Vergnügungssteuer, die in den 60er Jahren vom Land erhoben und an die Kommunen abgeführt wurde. Darum wurden die Kinokarten, mit Steuersiegel versehen, beim Stadtsteueramt verwahrt. Geringer fiel die Vergnügungssteuer aus, wenn der gezeigte Film das Prädikat „wertvoll“ oder „besonders wertvoll“ trug.

Wer die lange Schlange vor den Kassenhäuschen im Kinofoyer hinter sich gelassen hatte, wurde von der Platzanweiserin zu seinem Sitz geführt.

Kinoerlebnis mit „Schnubbeleien"

Im „Gloria", das mit Loge und Balkon den plüschigen Charme eines Theatersaales verströmte, gab es reichlich Personal: Im Kassenhäuschen inmitten der Eingangshalle (das sich inzwischen im Düsseldorfer Filmmuseum befindet) saßen zwei Kassiererinnen. Bei Elfriede Wulfmeyer dürften in 45 Jahren Berufstätigkeit drei Generationen ihre Kinokarten gelöst haben. Bei besonderem Andrang, wie der Präsentation eines „Bond"-Streifens, „Winnetou", den Schülerstreichen des „Paukerschrecks" Pepe alias Hansi Kraus oder Ende der 70er bei „Saturday Night Fever" öffnete Brigitte Wieczorek (später Beykirch) eine zusätzliche Notkasse.

Wer die Einlasskontrolle passiert hatte, konnte sich bei der Verkäuferin an der Süßwarentheke mit „Schnubbeleien" eindecken, vor der Loge sowie vor dem Zugang zu Sperrsitz und Parkett dirigierte jeweils eine Platzanweiserin die Ströme nach rechts und links.

Wichtigster Mann im Haus war der Filmvorführer: Auf Herrn „Bumm" Badoll folgten Herr Lutz und schließlich Horst Raßmes. Und natürlich wurde zwischen Vor- und Hauptfilm noch einmal Eis angeboten. Wer es nicht rechtzeitig zum Filmstart geschafft hatte, ließ sich klein laut den Weg zur Sitzreihe von einer missbilligend dreinschauenden Platzanweiserin im Lichtschein der Taschenlampe zeigen.

Regelrechtes Chaos brach aus, als das Gloria um 1979 gemeinsam mit dem wöchentlich erscheinenden „Stadt-Anzeiger" eine Kinderkino-Aktion startete. Niemand hatte mit dieser Resonanz gerechnet: Der Andrang bei den kostenlosen Filmvorführungen am Samstagnachmittag war so groß, dass die Straßenbahn den Hauptstraßenzug vorübergehend nicht passieren konnte. Im Kinosaal musste Brigitte Wieczorek-Beykirch einige der quirligen Kleinen von der Balkonbrüstung herunterholen. Und nachdem sich gar eine der Glastüren im Eingang des „Gloria" beim Ansturm der Massen verzogen hatte, wurden die Eintrittskarten anschließend für 50 Pfennig angeboten.

Pinocchio ist in der Stadt – und seine Freunde blockieren zeitweise die Hauptstraße in der Neusser Innenstadt, so dass vorübergehend nicht mal die Straßenbahn fahren kann.

Zur Verkehrslage

Autos und Kraftfahrzeuge spielten noch eine vergleichsweise untergeordnete Rolle: Das Autobahnnetz rund um Neuss entstand erst allmählich. Nachdem die A57 bereits seit Anfang der 60er Jahre bis Neuss führte, wurde 1969 das Teilstück der A52 fertig gestellt, 1973 musste die Apsis des Klosters Kreitz bei Holzheim abgerissen werden, da die nahe Bundesstraße zur A46 ausgebaut wurde. In den Seitenstraßen der großen Hauptverkehrswege konnten wir mitten auf der Fahrbahn einigermaßen ungestört Fußball oder Federball spielen. Längst nicht jede Familie besaß ein eigenes Auto, vom Zweitauto für die einkaufende Hausfrau oder dem Drittwagen für die erwachsenen Kinder ganz zu schweigen. Mobilität war nur in überschaubarem Rahmen erforderlich. Die meisten Ziele ließen sich problemlos zu Fuß, per Rad, Bus oder Bahn erreichen – oder wir planten von vornherein mehr Zeit ein.

So war der erste autofreie Sonntag während der ersten Ölkrise 1974 zwar in gewisser Hinsicht spektakulär, der Spaziergang über die leeren Autobahnen ein Ereignis – aber weit vom Weltuntergangsszenario entfernt.

Anschnallpflicht oder spezielle Kindersitze? Das gab es noch nicht für uns. Mitgenommen wurde, wer und was eben noch so ins Auto hineinging. Und in einen Mercedes etwa passten reichlich Personen: fünf Kinder nebeneinander auf der Rückbank, eins auf der ausklappbaren Armlehne zwischen Fahrer und Beifahrer oder sogar auf dem Schoß des Beifahrers – alles kein Problem.

Als kleines Raumwunder erwies sich auch der R4: Um etwa alle schwimmwilligen Kinder ins nahe gelegene Freibad zu schaffen, wurde kurzerhand die Kofferraumklappe geöffnet, und zwei Pänz konnten dort die sehr begehrten Ehrenplätze einnehmen.

Der graue „Lappen“

Wer mit 16 den Führerschein Klasse 5 bestand und anschließend mit dem ersten eigenen Mofa herumkurvte, durfte sich der Bewunderung der Clique sicher sein. Endgültig erwachsen war, wer mit 18 den begehrten grauen „Lappen“ Klasse 3 in Händen hielt. Nicht immer hatten die Eltern so viel Geld übrig oder sahen die Notwendigkeit ein, dem Nachwuchs die Fahrstunden zu finanzieren. Also hieß es, sparsam sein, Ferienjobs annehmen. Denn eine Fahrstunde kostete auch 1976 schon

Wer mit so einer Maschine unterwegs war, konnte bei der gleichaltrigen Damenwelt punkten.

Mit dem „Lappen“ in der Tasche und am Steuer des ersten eigenen Autos fühlten wir uns endlich richtig erwachsen.

25 Mark. Glücklicherweise mussten wir damals noch keine Pflichtstunden absolvieren. Mancher Fahrlehrer ging sowieso davon aus, dass seine Eleven bereits nachts heimlich auf der B7 mit Papas Auto geübt hatten – eine Vermutung, die vor allem auf die Jungen durchaus zutraf. Andere hatten nicht nur mit elterlicher Erlaubnis, sondern auch mit deren Beistand auf dem neu eröffneten Verkehrsübungsplatz des ADAC an der Broicherseite in Kaarst einige Proberunden gedreht. Für die Bauernsöhne, die auf dem heimischen Hof schon früh mit dem Traktor rangierten oder auch mal eine Testfahrt über den Feldweg unternahmen, war die Fahrschule nur eine Formsache. Für uns andere hieß es: Üben, üben, üben! Nach der Theorie die Praxis. Und wenn ein konservativer Lehrer vielleicht auch strenger war, wir mehr Stunden absolvieren mussten, so konnten wir aber auch sicher sein, die Prüfung zu bestehen.
Natürlich wurde der Stolz der Familie jeden Samstag ordentlich gewaschen und auf Hochglanz poliert – auf der Straße, wo auch alle anderen Nachbarn ihr Statussymbol putzten.

Chronik

1977
„Deutscher Herbst“: Terror der RAF (Rote Armee Fraktion).

1978
Die Schule Marienberg feiert ihr 120-jähriges Bestehen.
Das Imotex-Haus im Rheinpark-Center ist das erste Modecenter Deutschlands.

29. April 1978
Der Kinderbauernhof der Stadt Neuss auf dem Hof Königs öffnet seine Tore.

16. Oktober 1978
Karol Woytila wird Papst Johannes Paul II.

1979
Der TC Blau Weiss Neuss steigt in die Bundesliga auf.

8. September 1979
Der Neubau des Quirinus-Gymnasiums wird eingeweiht.

4. November 1979
Die Fleher Brücke wird für den Verkehr freigegeben.

30. November 1979
Die Autofähre Uedesheim-Himmelgeist stellt ihren Betrieb ein.

17. Dezember 1979
Der Kölner Erzbischof Josef Kardinal Frings, ein Sohn der Stadt Neuss, stirbt.

Kommunale Neugliederung

Mit Wirkung zum 1. Januar 1975 wurden die Stadt Neuss und der Landkreis Grevenbroich zum Kreis Neuss zusammengelegt, an dessen Spitze der Oberkreisdirektor und der Landrat standen. Neuss wurde damit zur größten kreisangehörigen Stadt Deutschlands.
Die Neusser, die nun statt des Oberbürgermeisters eine kommunale Doppelspitze aus Bürgermeister und Stadtdirektor hatten, konnten sich nur schwer damit abfinden. Grefrath, Holzheim, Hoisten, Norf, Rosellen und Speck wurden eingemeindet, im Norden kamen insgesamt 57 Hektar Fläche hinzu, Teile von Büderich und Kaarst.

Wo unsere Väter das Geld verdienten

„Food-City" – der Begriff ist neu, nicht aber das, was er beschreibt: War das Ruhrgebiet damals von Hochöfen und Stahlindustrie geprägt, so setzte die Neusser Wirtschaft immer schon auf einen gesunden Branchenmix – mit deutlichem Schwerpunkt auf der Produktion von Lebens- und Genussmitteln. Baugewerbe und Papierindustrie folgten dicht auf Öl- und Futtermittelherstellung sowie Textil- und Maschinenindustrie. Und was die Neusser Unternehmen produzierten, transportierten europaweit die großen Speditionen wie Koch und Hans Zaun, deren Lastwagen so etwas wie Botschafter der Stadt Neuss auf der Landstraße waren.
Tradition hatte in Neuss die Sauerkrautherstellung: So produzierten in den 60er Jahren neben der Fabrik Leuchtenberg („Neusser Stolz") an der Augustinusstraße die Gebrüder Dickmann am Weißenberger Weg und die Neusser Sauerkrautfabrik Rheins & Nolden Feinkost sowie „Kappes"-Sand auf der Furth die Weißkohlspezialität, die von uns Kindern nicht immer so ganz gern gegessen wurde.
In der Erprather Mühle an der Erft bei Weckhoven stellte die Firma Brata Paniermehl her. Im Neusser Norden sorgte die Likörfabrik Bols für sichere Arbeitsplätze.
Im Hafen angesiedelt waren neben den Ölmühlen Walter Rau, Sels und Thywissen die Hansa-Mehlmühle der Familie Werhahn und das Thomy-Werk. 1912 zur Produktion von Landkaffee der Firma Kornfranck erbaut, wurde hier seit 1956 Delikatess-Senf der Marke Thomy, später außerdem Tomatenmark und Ketchup hergestellt. Keine Frage, dass der uns besonders gut zu Wurst und Nudeln schmeckte.

Novesia Goldnuss mit der „Garantie 28"

Ein Neusser Produkt, das den (römischen) Namen der Stadt bis ins Ausland trug, war die Novesia-Goldnuss-Schokolade – ein Klassiker mit Kultcharakter. Mit der „Garantie 28" bestätigte der Hersteller, dass in jeder Tafel Novesia mindestens 28 ganze Haselnusskerne zu finden seien – ansonsten entschädige das Unternehmen den Käufer mit

zwei Ersatztafeln. Fest stand, dass wir jede Fensternuss-Tafel vor dem Verzehr erst einmal überprüften.
Gelegenheit dazu hatten wir reichlich, fehlte die Tafel in apartem Moosgrün, verziert mit einer Goldschleife, doch auf keinem Weihnachtsteller und war beliebtes Mitbringsel beim Tantenbesuch. Noch 1967 wurden stündlich 20 000 Tafeln produziert, der Jahresumsatz lag bei 80 Millionen Mark. 1971 kam ein weiterer Verkaufsschlager auf den Markt: das Gold-Nuss-Pärchen, eine aufwändig verpackte Praline mit zwei Nüssen.
1979 ging diese große Neusser Schokoladentradition vor dem Obertor, die Apotheker Ferdinand Jonathan Feldhaus 1815 mit der Herstellung „feinster Vanille-Chocolade" begründet hatte, mit dem Verkauf an die Monheim-Gruppe in Aachen (Trumpf, van Houten, Lindt) zu Ende.

Industrie und Hafen

Ein Großteil der Industrie war – schon aus logistischen Gründen – im Hafengebiet ansässig, so der Sanitärhersteller Ideal Standard, der Ende der 50er Jahre deutschlandweit 2400 Mitarbeiter zählte. Die Firma revolutionierte den Markt mit der Erfindung des Kristallporzellans, das eine Oberflächenbeschaffenheit von besonderer Güte aufwies. Für einen anderen Markennamen steht Neuss seit 1962. Damals eröffnete „Quelle"- Gründer Gustav Schickedanz (1895 – 1977) den Produktionsstandort der Vereinigten Papierwerke Schickedanz an der Floßhafenstraße in Neuss. Seither werden Schnupfen-Nasen aus ganz Deutschland sanft mit „Tempos" aus der Quirinusstadt gewischt. Der 1963 eingeführte „Tempo-Griff" ermöglichte – durch die Aussparung an der rechten oberen Ecke –, das Taschentuch aus Zellstoff mit nur einer Hand zu entfalten: „Tempo mit besond'rem Pfiff – rasch entfaltet, nur ein Griff" lautete die Werbebotschaft.

Der Neusser Hafen: Zahlreiche Neusser Unternehmen hatten sich an einem der Hafenbecken angesiedelt.

Made in Neuss: Die roten Schlepper der International Harvester Company prägten viele Jahre lang das Bild auf den Feldern.

Neusser Erfolgsgeschichte: Harvester

Eine Neusser Erfolgsgeschichte schrieb auch die International Harvester Company (IHC), später Case, deren Produkte vor allem die Jungen faszinierten. Ende der 70er Jahre zählte der Landmaschinenhersteller zu den umsatzstärksten Unternehmen der Welt mit mehr als 100 000 Mitarbeitern – und das Neusser Werk an der Industriestraße, das in seinen Spitzenzeiten während der 50er bis 70er Jahre bis zu 5000 Mitarbeiter zählte, hatte daran einen beträchtlichen Anteil. Täglich liefen hier allein 100 Schlepper vom Band. Der Stromverbrauch entsprach mit 3,5 Millionen Kilowattstunden dem einer Kleinstadt.
Zwischen 1959 und 1965 entwickelten hiesige Konstrukteure neue Direkteinspritzmotoren mit 35 bis 160 PS. 1961 lief in Neuss der 100 000. Schlepper vom Band, 1972 belegte IHC Neuss mit 21,7 Prozent den ersten Platz der deutschen Zulassungsstatistik. Die Belegschaft, so schwärmen ehemalige IHC-ler bis heute, sei wie eine große Familie gewesen. Tatsächlich waren oft mehrere Familienmitglieder bei IHC beschäftigt. Man war stolz darauf, bei „der Harvester" zu arbeiten. Nach dem Verkauf an Tenneco/Case und die Umfirmierung in JI Case in den 80er Jahren griff einer der höchstdotierten Sozialpläne in der Geschichte der Bundesrepublik.

Gastarbeiter

Stetig wuchs die Neusser Bevölkerung, stieg von 93 000 (1961) auf 115 000 Einwohner (1970), blieb dann 1976 bei etwa 148 000 Einwohnern stehen. Gründe hierfür waren die stagnierenden Geburtenzahlen und der nachlassende Zuzug der Gastarbeiter aufgrund der schwierigeren Arbeitsmarktlage.
In Neuss lebten zu diesem Zeitpunkt annähernd 18 000 Ausländer aus 60 Nationen. Zum Vergleich: 1959 waren es gerade 1168 Ausländer. Die größte Gruppe stellten die Türken mit knapp 5000 Personen, gefolgt von Griechen (etwa 3000) und Jugoslawen (2400). Zu den Neusser Firmen mit den meisten ausländischen Arbeitnehmern gehörten IHC (International Harvester Company), Ideal Standard, Pierburg und die Vereinigten Papierwerke Schickedanz.

Knowhow aus Neuss

Autos und alles, was mit ihnen zusammenhing, war etwas für die Jungs. Dass ein Neusser Unternehmen der größte Hersteller von Vergasern war, beeindruckte Kleine und Große.
1947 hatte Alfred Pierburg in Neuss die neue Deutsche Vergaser-Gesellschaft mbH & Co. KG gegründet und mit der Fertigung von Solex-Vergasern begonnen. Wichtige Neuentwicklungen kamen aus dem Hause Pierburg, so 1959 mit dem PICT-Vergaser für VW der erste Vergaser mit Startautomatik – ein Spitzenprodukt, das zum größten Teil in Handarbeit hergestellt und vor allem im legendären Käfer eingebaut wurde.
1973 schrieb Pierburg bundesdeutsche Geschichte, als mehrere hundert Arbeiterinnen, zum größten Teil Migrantinnen, die Arbeit niederlegten – ohne vorherigen Aufruf der Gewerkschaften. Dieser „Wilde Streik" wurde zum Modell für die Arbeitskämpfe des Jahres 1973, wie der Spiegel in seiner Ausgabe vom 3. September 1973 schreibt. Zuhause wurde dies natürlich von den Erwachsenen lebhaft diskutiert.

Wo wir in die Lehre gingen

Auch bei der Berufs- oder Arbeitgeberwahl zählte oftmals Familientradition: In manchen Firmen wie IHC, Thomy oder Ideal Standard, Bauer & Schaurte, „Schmobi" (Schmolz & Bickenbach), Tempo oder Pierburg arbeiteten oft ganze Clans: Großvater – Vater – Sohn – Onkel – Neffe. Waren

Die europaweit erste Vergaserschulung eröffnete die Pierburg AG 1967 an der Leuschstraße.

Start in die Eigenständigkeit: Stolz brachten wir als Lehrlinge das erste selbst verdiente Geld mit nach Hause.

bei den Jungs eher handwerkliche Berufe wie Schlosser oder Elektriker beliebt, bevorzugten die Mädchen Bürotätigkeiten oder Arbeitsstellen im Dienstleistungsgewerbe beziehungsweise Sozialwesen.

Bewerbungen schreiben – ja, das gab es wohl auch, normalerweise aber erfuhren wir per Mundpropaganda von einer freien Lehrstelle und gingen persönlich vorbei. Oder unsere Eltern sprachen Bekannte an, die entsprechende Positionen in einer Firma oder Verwaltung bekleideten. Nicht selten kannte der Lehrherr den künftigen Lehrling von klein auf. Schriftliche Verträge waren nicht die Regel, die Anstellung wurde mit einem Händedruck besiegelt. Rituale zu Beginn einer Ausbildung gab es nicht. Der „Azubi" hieß Lehrling oder Stift und hatte weniger ein Recht auf Ausbildung als die Pflicht, die Aufgaben zu erledigen, die ihm übertragen wurden.

Groß war der Unterschied zwischen der (Handwerks-)Lehre in einem kleinen Meisterbetrieb oder in einer großen Firma: Hier gab es ausgearbeitete Ausbildungspläne und meist von Anfang an mehr Gehalt, wurde wochenlang an Probestücken gewerkelt, die möglicherweise nie Verwendung fanden. In kleineren Betrieben war jede Arbeitskraft gefragt, konnte man es sich nicht leisten, für den Papierkorb zu produzieren, musste auch das Lehrmädchen bald schon eine kaufmännische Kraft ersetzen – wo wird der Lerneffekt größer gewesen sein?! Dreher, Maler und Klempner, die sich bei ihrer Arbeit schmutzig machten, sich für keinen Auftrag des Lehrherrn zu fein sein durften, Frisörlehrlinge oder künftige Verkäuferinnen schauten

mit einer Mischung aus Verachtung und ein wenig Neid auf die angehenden Kaufleute in den Büros der RheinLand-Versicherung, der Landeszentralbank oder am Schalter der Stadtsparkasse, die nicht nur in feinen Klamotten zur Arbeit gingen, sondern schon im ersten Lehrjahr ein Salär erhielten, das anderswo die Gesellen nach der Ausbildung bekamen.
1965 bildete die Stadtsparkasse 37 Sparkassenangestellte aus. 40 Beamtenanwärter gab es in diesem Jahr bei der Neusser Stadtverwaltung, gleich 57 junge Leute wurden zu Verwaltungsangestellten ausgebildet. Eine krisensichere Anstellung, wie uns unsere Eltern versicherten.

Auf ins Leben

Gemeinsam groß geworden, trennten sich nun unsere Wege: Die Jungs mussten zum „Barras" oder leisteten – nach strenger Gewissens-Überprüfung – ihren Zivildienst ab. Wer sich für die akademische Laufbahn entschied, musste seine Heimatstadt nicht verlassen. Schließlich waren die Unis Düsseldorf und Köln nicht fern, und 1963 war auf dem Gelände des ehemaligen römischen Lagers Novaesium in Rheinnähe die Pädagogische Hochschule Rheinland Abteilung Neuss gegründet worden. Manchen verschlug es dennoch wegen des ersehnten Studienplatzes oder der beruflichen Karriere in andere Gegenden. Mit dem Abschlusszeugnis oder dem Gesellenbrief in der Tasche, den Kopf voller Zukunftsträume, stellten wir uns voller Optimismus dem Leben. Und im Bewusstsein, immer wieder zurückkehren zu können: nach Neuss, der Stadt, in der wir aufgewachsen sind.

Bekannte Neusser, geboren in den 60er und 70er Jahren

Hanjörg Criens, *18. Dezember 1960
Fußballer

Helmut de Raaf, *5. November 1961
Eishockeyspieler, Olympiateilnehmer und neunfacher Deutscher Meister

Franziska Pigulla, *6. Mai 1964
Schauspielerin und Synchronsprecherin (u.a. Demi Moore, Sharon Stone, „Akte X"-Agentin Dana Scully alias Gillian Anderson)

Frank Biela, *2. August 1964
Rennfahrer und Le-Mans-Sieger

Kai Böcking, *3. August 1964
Fernsehmoderator

Inga Busch, *25. Januar 1968
Schauspielerin

Thomas Rupprath, *16. März 1977
Schwimm-Welt- und Europameister

Nadia Zülow, *30. August 1977
erfolgreichste Voltigiererin der Welt

Lars Börgeling, *16. April 1979
Leichtathlet (Stabhochsprung)